中国自由贸易试验区协同创新中心

自贸区研究系列

何骏 著

上海自贸试验区
服务贸易创新发展

格致出版社　上海人民出版社

前　言

　　近年来,外资准入限制是世界各国限制服务贸易的主要手段。为了更好地发展服务贸易,各国实行了服务业逐步开放政策。中国通过设立自贸试验区,进一步扩大和深化服务领域的开放。综观国内外的研究,对自贸区促进服务贸易发展基本上都给予积极的肯定。国外对自贸区促进服务贸易相关细分行业的研究较为深入。中国因自贸试验区设立时间不长,对这方面的研究还处于探索和起步阶段。未来相关研究将结合全球服务贸易发展的新特点和新趋势,从自贸区发展服务贸易所特有的路径、模式、平台和政策等方面入手,创新发展服务贸易。

　　本书首先基于全球服务贸易发展的趋势和特点,结合自贸试验区的特殊功能,建立自贸试验区建设与服务贸易创新发展之间的联系。在此基础上,重点对上海自贸试验区服务贸易创新发展的路径、模式、平台和政策等进行重点研究,以期解决上海自贸试验区服务贸易创新发展的方向、方法、支撑和管理等核心问题。

　　其次,以航运贸易为例对上海自贸试验区服务贸易创新发展进行实证研究,并在此基础上分别从产业结构、制度创新、区域及数字经济等不同视角进行理论与实证探索,为上海自贸试验区服务贸易创新发展积累经验。

　　本书以"上海自贸试验区服务贸易创新发展"为主题,旨在为上海自贸试验区和服务贸易的未来发展指明方向,为上海自贸试验区服务对接中国国际进口博览会、与"一带一路"建设联动发展找到突破口,为上海自贸试验区服务贸易创新发展提供路径、模式、平台和政策。

本书共 8 章,第 1 章论述自贸试验区与服务贸易的关系,第 2 章探讨上海自贸试验区服务贸易创新发展的路径,第 3 章研究上海自贸试验区服务贸易创新发展的模式,第 4 章分析上海自贸试验区服务贸易创新发展的税收政策,第 5 章为上海自贸试验区服务贸易创新发展的实证研究,第 6 章到第 8 章分别从产业结构优化、制度创新以及区域和数字经济等视角对上海自贸试验区服务贸易创新发展进行探索。希望本书的研究能为学术界、政策制定者、实业界等决策行为提供理论和实证支撑。

目　录

第1章
自贸试验区与服务贸易的关系

1.1 全球服务贸易发展：特点与未来

1.1.1 全球服务贸易发展的主要特点

进入 21 世纪以来,全球服务贸易呈现波浪式上升的态势,成为拉动国际贸易的重要引擎,其发展有如下主要特点。

第一,技术创新成为推动全球服务贸易发展的主要动力。信息技术的新一轮科技革命,以及由此引发的产业变革持续发酵,推动了全球服务贸易迅速走向数字化,其中特别是以大数据为代表的网络技术应用、以数字经济为代表的新经济平台异军突起,不断催生新兴服务业态,为服务贸易的模式创新提供了强大的技术支撑和发展动力,并且技术创新及其应用呈现不断加快之势。

第二,产业变革为全球服务贸易发展提供了产业基础。在当前各发达经济体中,服务业都已在国民经济中占据主导地位。以美国为例,2019 年其 GDP 总量约为 21.43 万亿美元,服务业增加值超过了 17.35 万亿美元,在 GDP 中的比例超过了 81%。就中国而言,2019 年中国的 GDP 为 14.363 万亿美元,服务业 GDP 为 7.744 万亿美元,服务业占全国 GDP 比例是 53.92%。随着各国服务业在三次产业中的占比不断扩大,对传统服务业转型升级的需求也愈发强烈。传统服务业的转型升级、制造型服务业的加速发展,带来了全球价值链不断向服务环节拓展,为服务贸易的规模增长提供了空间。在国际分工体系中,制造型服务业的发达程度决定了在国际分工中的地位和竞争力,也决定了在全球服务贸易中的地位。

第三,新兴经济体成为拉动服务贸易增长的主要策源地。随着发展中国家,特别是"金砖国家"等新兴经济体的经济实力不断增强,新兴经济体对全球经济参与度开始提高,服务市场规模不断扩大,服务业对外开放程度逐步提高,为发达国家服务业进入发展中国家创造了良好条件。其中,中国和印度是最典型的代表,已成为全球离岸外包最大的两个接包国。其他发展中国家,包括东南亚、中东欧等新兴经济体在服务贸易领域也正迅速崛起。世界贸易组织(WTO)2019 年 10 月发布的《2019 世界贸易报告——服务贸易的未来》指出,在全球贸易中服务贸易的占比正在迅速上升,并预计未来 20 年内其占比将从目前的 20% 上升至 50%。

第四,数字贸易将发挥主要的拉动作用。以建筑、交通运输等为代表的传统服务贸易与信息技术不断融合。特别是进入 21 世纪以来,移动互联、云平台等信息技术广泛运用,导致信息不对称的交易成本不断降低,服务贸易模式向着数字化的方向不断发展,未来数字贸易将取代传统贸易方式,改变以往一对一的发包方式,一对多等众包模式和平台将在规模上极大提升全球的服务贸易。

第五,服务外包将提速发展。服务外包是指企业将非核心的业务流程外包给外部企业的经济活动,主要包括:信息技术外包(information technology out-sourcing,简称 ITO)、业务流程外包(business processing outsourcing,简称 BPO)和知识流程外包(knowledge processing outsourcing,简称 KPO)。国际服务外包的发包业务主要集中在发达国家,国际服务外包的接包业务主要集中在发展中国家和地区(占比前三的是印度、中国和东盟)。作为服务贸易的主要方式,服务外包规模不断扩大。

以中美贸易摩擦为代表的全球贸易摩擦常态化趋势进一步增强,加之新冠肺炎疫情对全球经济的打击,贸易和投资增速放缓将削弱经济增长势头。在此背景下,企业更专注于自己的核心生产环节,将更多的非核心生产环节外包出去,导致全球服务外包市场发展更加迅速。可以预见,未来服务外包的发展势头将更为迅猛,推动全球服务贸易更上新台阶。

1.1.2　全球服务贸易发展的未来

首先,全球服务贸易发展机遇与挑战并存。受新冠肺炎疫情对全球经济的打击,贸易和投资增速放缓将削弱全球经济增长势头。但与此同时,当前新技术的应用以及新产业结构的调整升级正在加快,这对于扩大服务贸易规模,推动全球服务贸易创新化、数字化、智能化、平台化以及高端化发展意义深远。在此背景下,全球服务贸易应抓住机遇,促进新兴服务贸易的发展。但同时经济发展逆全球化特征明显,以美国为首的发达国家大力开展贸易保护主义,相继出台关税壁垒、禁令壁垒、紧急贸易救助以及政府补贴等。这些都会给全球服务贸易未来发展带来不确定性。总体来看,未来全球服务贸易发展面临着机遇与挑战并存的局面。

其次,全球服务贸易的区域不平衡将更加剧烈。由于不同国家和地区的创新能力和经济实力不平衡,将会进一步加剧全球服务贸易的区域不平衡发展。发达国家将会继续保持自己的主导地位和贸易顺差,甚至进一步扩大优势。据国际数据公司(IDC)分析,2015—2020 年间,美国的软件市场预期年增长率高达7.6%,截至 2020 年,美国的软件市场规模约为 1 394 亿美元,稳居世界第一。但是随着中国、印度等新兴经济体的兴起,这将会对美国软件市场带来威胁。发展中国家的全球服务贸易地位正在不断提高。

最后,服务贸易将成为全球贸易政策的关注点。在新一轮产业结构调整和经济贸易自由化的背景下,服务贸易在各国总体贸易中所占的份额正在逐渐上升,地位逐渐提高。因此,各国对服务贸易的关注度越来越高,纷纷通过制定一系列的服务贸易政策来促进本国服务贸易的发展。以欧美发达国家为例,它们通过各种双边或者多边谈判来要求各国开放服务贸易市场,以便于欧美发达国家的服务贸易出口。因此,在未来经济发展中,全球性的经济合作谈判,如自由贸易协定等,都会重点考虑全球服务贸易。整体来说,未来全球贸易政策的关注点包括两个方面:一是通过服务贸易政策来推动服务贸易的自由化,降低本国服务贸易壁垒的限制作用;二是通过服务贸易政策来提高本国服务贸易保护门槛。

1.2 自贸试验区建设与服务贸易创新发展

近年来,中国服务贸易稳步增长,结构不断优化,逆差持续缩小。进入 2020年,受到全球新冠肺炎疫情影响,中国服务进出口受到较大冲击。面对新形势新挑战,需要提质增效以实现服务贸易创新发展。

1.2.1 中国服务贸易发展背景

1. 现状

传统服务贸易规模收缩。2019 年,中国传统服务贸易总额为 32 685.3 亿元,同比下降 1.6%;占服务贸易总额的比例下降了 3 个百分点,至 60.4%。其中,出口额为 7 487.7 亿元,增长了 4.4%,占服务贸易出口总额的 38.3%;进口额为 25 197.6 亿元,下降了 3.3%,占服务贸易进口总额的 72.8%。旅行服务进出口总额下降了 5.9%,占服务贸易总额的比例下降了 3.5 个百分点,至 36.4%。

新兴服务贸易增长较快。2019 年,中国新兴服务贸易总额为 18 777.7 亿元,增长了 10.8%,占服务贸易总额的比例上升了 2.5 个百分点,至 34.7%。其中,出口额为 9 916.8 亿元,增长了 13.4%,占服务贸易出口总额的 50.7%;进口额为 8 860.9 亿元,增长了 8%,占服务贸易进口总额的 25.6%。电信、计算机和信息服务领域向价值链高端环节迈进,知识产权使用费出口大幅增长,金融和保险服务出口稳定增长。

制造业相关服务贸易增长迅猛。2019 年,中国与制造业密切相关的服务贸易总额为 2 325.5 亿元,同比增长了 28.2%。其中,出口同比增长了 26%,进口同比增长了 47.9%。得益于全国综合保税区全球维修业务的试点发展,和企业"快进快出"入境维修业务的大幅扩张,全年维护和维修服务进出口总额为 954.7 亿元,增长了 48.5%,增速显著高于其他领域。

服务外包产业规模稳步扩大。2019 年,中国企业承接服务外包合同金额为 15 699.1 亿元,增长了 18.6%,执行金额为 10 695.7 亿元,增长了 11.5%,执行金额首次突破万亿元。其中,中国承接离岸信息技术外包执行金额为 2 894.3 亿元,同比增长了 9%;离岸业务流程外包执行金额为 1 183.9 亿元,同比增长了 30.4%;离岸知识流程外包执行金额为 2 477.6 亿元,同比增长了 7.6%。高端生产性服务外包业务,如生物技术研发服务、检验检测、互联网推广、电子商务等服务外包业务增长迅速,分别增长了 15.3%、20.5%、37.1%和 53.2%。

新冠肺炎疫情对中国服务贸易产生了短期冲击,主要表现如下。

服务进出口规模有所下降。2020 年 1—4 月,中国服务进出口总额同比下降了 13.2%,为 15 144.3 亿元。这其中,服务进口额为 9 088.9 亿元,同比下降了 19.2%;服务出口额为 6 055.3 亿元,同比下降了 2.2%。服务进口额下降幅度较大,使得中国服务贸易逆差延续缩小态势。

传统服务贸易受疫情影响明显。受新冠肺炎疫情影响,中国传统服务贸易受到的冲击最为严重。2020 年 1—4 月,中国运输服务进出口总额 3 063.9 亿元,下降了 3.8%,其中出口上升了 3.1%,进口下降了 6.9%;建筑服务进出口总额 681.5 亿元,下降了 18.4%。其中,出口下降了 20.1%,进口额下降了 13.8%。

知识密集型服务的抗冲击能力较强。得益于"线上服务"和"零接触"意识的不断加强,新冠肺炎疫情期间,知识密集型服务贸易得以迅猛发展。2020年1—4月,中国知识密集型服务的进出口总额增长了6.7%,达到6 373.7亿元。其中,知识密集型服务的出口额为3 519.3亿元,增长了11.5%;知识产权使用费,电信、计算机和信息服务,保险服务的出口额分别增长了35.1%、18.4%和14.5%。知识密集型服务的进口额为2 854.4亿元,增长了1.4%,占服务贸易进口总额的比例提升了6.4个百分点,至31.4%,电信、计算机和信息服务,金融服务的进口额分别增长了28.3%、3.0%。

2. 展望

新冠肺炎疫情的暴发使中国服务贸易发展面临严峻挑战,未来需要加大人工智能、大数据、物联网、5G、虚拟现实等相关技术在服务领域的应用,以数字服务贸易为引领,加速服务贸易转型升级。

外部环境凸显复杂性与不确定性。疫情全球蔓延导致国际环境更加复杂严峻,世界经济衰退风险高企。2020年4月,国际货币基金组织预测,新冠肺炎疫情将导致2020年全球经济负增长3%,2020年成为2008年国际金融危机以来世界经济衰退最严重的年份。同月,世界贸易组织预计,2020年世界贸易将下降13%—32%,几乎世界所有地区的贸易额都将出现两位数的下降。其在《全球贸易数据与展望》报告中表示,2020年新冠肺炎疫情的暴发不可避免地对服务贸易造成影响,各国采取的限制运输和旅行、关闭零售业和酒店业等措施,令服务贸易受到的影响最为直接和明显。

服务贸易转型发展进入关键阶段。在疫情背景下,服务贸易发展提质增效的迫切性更加凸显。互联网、大数据和云计算等新兴技术快速发展,将显著降低跨境服务贸易的成本。新冠肺炎疫情加速了线下经营向"互联网＋"线上模式的转变进程。随着中国进一步加大金融、保险等服务领域的对外开放力度,技术、数据等新型要素质量和配置效率不断提高,服务领域发展新动能将加快释放,为服务贸易转型发展创造更多有利条件。

数字服务贸易发展前景广阔。新冠肺炎疫情的冲击将加快中国数字服务贸易的发展进程。中国数字经济规模巨大,互联网基础日益完善。按照联合国贸易和发展会议的统计口径测算,2020年,中国可数字化交付的服务贸易额为2 947.6亿美元,同比增长了8.4%,占服务贸易总额的比例达44.5%,成为服务贸易新的增长点。2021年,北京服贸会以"数字开启未来、服务促进发展"为主题,以线上线下相结合的方式来举办,就是顺应全球经济数字化、网络化、智能化的发展趋势,全面展示新技术、新模式、新业态和新成果。搭建全球数字贸易交流、展示和交易平台,助推数字经济和数字贸易高质量发展。

当今世界正进入数字经济快速发展时期,数字产业化、产业数字化趋势日益明显。随着算力提升和传输加速,以数据为生产要素、数字交付为主要特征的数字贸易蓬勃兴起,正在成为全球贸易的新形态、未来贸易发展的新引擎。疫情发生以来,数字技术广泛应用,越来越多的服务贸易由线下转到线上,服务贸易数字化进程进一步加快。

1.2.2 自贸试验区将加快中国服务贸易创新发展

自贸试验区在加快中国服务贸易创新发展方面的作用是巨大的,集中体现在加快服务贸易创新发展的空间上,包括制度创新空间、业务空间和地域空间三个层面,如图1.1所示。

图1.1 自贸试验区推进服务贸易创新发展的空间

首先,自贸试验区为加快中国服务贸易创新发展提供了制度创新空间。截至2020年,中国已设立21(1+3+7+1+6+3)个自贸试验区。自贸试验区的设立,在贸易自由化、投资便利化和政府监管等领域不断地进行制度创新。就服务贸易而言,很多关键核心领域的制度创新都首先在自贸试验区内率先尝试,然后再推广到整个服务贸易领域。例如,2018 年 9 月,上海自贸试验区跨境服务贸易负面清单出台,这是在自贸试验区负面清单基础上推出的针对跨境服务贸易领域的负面清单管理制度。目前,中国正在积极探索全国范围的跨境服务贸易负面清单管理制度。可见,源于自贸试验区的制度创新为服务贸易发展开辟了制度创新的空间。图 1.2 是中国历年自贸试验区负面清单和全国版负面清单的数量变化。不断缩短的负面清单体现了中国对外资的开放度不断提升。

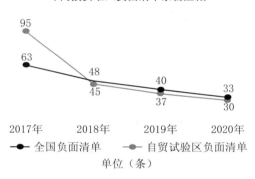

外商投资准入负面清单条目压减

资料来源:作者根据相关资料整理绘制。

图 1.2　历年自贸试验区外商投资准入负面清单特别管理措施数目

　　其次,自贸试验区为加快中国服务贸易创新发展提供了业务空间。与发达经济体相比,中国服务贸易在整体结构、市场占有率和国际竞争力等方面都存在较大差距,亟需推广自贸试验区制度创新的经验。此外,在国内大循环为主、国内国际相互促进的"双循环"新发展格局下发展服务贸易,自贸试验区还有相当大的业务提升空间。目前而言,中国自贸试验区应以服务贸易为突破口实施自贸试验区转型,通过进一步放宽服务业对外开放的限制,并在服务贸易领域先行先试;进一步完善跨境服务贸易负面清单,为建立全国版跨境服务贸易负面清单积累经验。在产业方面,自贸试验区应不断探索现代服务业、先进制造业等,为海南自由贸易港建设提供产业发展经验；在服务业产业项下的自由贸易政策方面，应为中国与其他国家的双边和多边自由贸易协定谈判积累经验。

最后，自贸试验区为加快中国服务贸易创新发展提供了地域空间。随着"一带一路"倡议提出后，中国改革开放的大门越开越大。自贸试验区在推动服务贸易"走出去"方面成绩斐然。中国通过与"一带一路"沿线国家在通信、金融、旅游、教育等领域深化合作，打造了中国服务贸易品牌。而这些领域的合作是自贸试验区未来重点发展的方向，中国已经与"一带一路"沿线国家在诸多领域展开合作。未来，中国与"一带一路"沿线国家的合作领域也将更为深入和广泛。自贸试验区作为中国改革开放的排头兵和创新发展的先行者，必然走在与"一带一路"沿线国家合作的前沿，在更多领域、与更多国家展开合作和交流，为中国对外开放积累经验。

第2章
上海自贸试验区服务贸易创新发展的路径

2.1 上海自贸试验区创新发展的领域

上海自贸试验区创新发展的领域主要集中在以下四个方面：

一是投资管理领域。对接国际规则，上海自贸试验区实施与准入国民待遇相联系的负面清单。2013年9月29日，上海市人民政府公布了《中国（上海）自由贸易试验区外商投资准入特别管理措施（负面清单）》，凡是与外资的国民待遇、最惠国待遇不符的管理措施、业绩要求、高管要求均以清单方式列明。而此前，中国对外商投资的管理，遵循的是国家发改委和商务部指定的《外商投资产业指导目录》，其相当于一份正面清单。

根据2018年新修正的《中国（上海）自由贸易试验区跨境服务贸易特别管理措施（负面清单）（2018年）》及其管理模式实施办法发布显示，根据国际通行自由贸易协定中负面清单的内容形式，其在结构上分为"编制说明"和"特别管理措施列表"两部分内容。"编制说明"主要对跨境服务贸易定义进行界定；对负面清单所列特别管理措施为不符合国民待遇等原则的措施予以界定；对负面清单的适用范围（自贸试验区范围内）、法规依据和行业分类标准予以说明等。"特别管理措施列表"本着与外商投资准入负面清单相衔接的原则,根据《国民经济行业分类》(GB/T4754-2017),以表格形式进行编写,共梳理出 159 项特别管理措施,划分为 13 个门类,31 个行业大类。实施办法主要内容包括明确了跨境服务贸易的定义、确立了跨境服务贸易管理与开放的基本原则、建立了负面清单管理模式、明确了部门管理职责、明确了规定试点开放领域应当配套风险防范制度等。

二是贸易监管领域。贸易监管的创新可推进自由贸易、提高贸易便利化水平这一原则,主要实施了三项举措:第一,实施"一线逐步彻底放开、二线安全高效管住、区内货物自由流动"的创新监管服务模式;第二,启动实施国际贸易"单一窗口"管理制度;第三,探索建立货物状态分类监管制度。这三项制度的实施,简化了程序,大大缩短了通关时间。

三是金融监管领域。《进一步推进中国(上海)自由贸易试验区金融开放创新试点　加快上海国际金融中心建设方案》指明了金融改革的任务和方向:"加快推进资本项目可兑换、人民币跨境使用、金融服务业开放和建设面向国际的金融市场,不断完善金融监管……更好地为全国深化金融改革和扩大金融开放服务。"在这样的方向引领下,人民银行及各金融监管机构大力支持上海自贸试验区建设,先后出台了 51 条指导意见,在自由贸易账户体系、投融资汇兑便利、人民币跨境使用、利率市场化、外汇管理改革 5 个方面形成了"一线放开、二线严格管理"的宏观审慎的金融制度框架和监管模式。这一系列创新举措,进一步完善了金融市场体系、生态体系和风险控制体系。

根据 2018 年 11 月新修订的《中国(上海)自由贸易试验区关于扩大金融服务业对外开放进一步形成开发开放新优势的意见》显示,金融监管主要体现在:上海自贸试验区颁发 25 条扩大银行、证券、保险业务的重大举措。具体内容包括扩大自贸试验区金融业对外开放,先行先试外汇管理改革,拓展自由贸易账户的投融资功能和适用范围,支持境外投资者参与上海证券市场,支持海外人才于上海自贸试验区金融机构开立境外个人自由贸易账户,增强上海自贸试验区金融服务"一带一路"功能与服务科技创新中心建设等。

四是政府管理方式领域。政府管理方式的创新是以政府职能转变为核心的。上海自贸试验区加快转变政府职能，推进政府管理由注重事先审批转为注重事中、事后监管，加强对市场主体"宽进"以后的过程监督和后续管理。这点在2018年11月的《国务院关于支持自由贸易试验区深化改革创新若干措施的通知》得到体现，主要为：营造优良投资环境、提升贸易便利化水平、推动金融创新服务实体经济、推进人力资源领域先行先试等。具体措施有：研究支持对海关特殊监管区域外的"两头在外"航空维修业态实行保税监管、支持设立首次进口药品和生物制品口岸、允许银行将自贸试验区交易所出具的纸质交易凭证替代双方贸易合同作为贸易真实性审核依据、允许自贸试验区内银行业金融机构按相关规定为境外机构办理人民币衍生产品、鼓励和支持自贸试验区内银行业金融机构基于真实需求和审慎原则向境外机构和境外项目发放人民币贷款、支持自贸试验区内符合条件的个人按照规定开展境外证券投资、支持在有条件的自贸试验区开展知识产权证券化试点等。

自贸试验区的建立和发展是中国在当前国内外经济环境变化的背景下，为探寻新的经济增长点、适应国家经济新格局作出的战略选择。自贸试验区内可以有效降低交易成本，尤其是制度性交易成本，有利于推动市场机制的良好运行。这也与"十三五"时期推进的供给侧结构性改革的要求相吻合。"降成本"是"十三五"期间供给侧结构性改革的五大任务之一，其重点即是降低企业交易成本，打破贸易壁垒，推动贸易便利化、合理化推进。

2.2 上海自贸试验区服务贸易创新发展的路径

第1章的分析表明，自贸试验区为加快服务贸易创新发展在制度、业务和地域等3个领域打开了巨大的空间。对接自贸试验区服务贸易创新发展的三大领域,上海自贸试验区服务贸易创新发展的路径至少包括推进创新(制度创新空间)、对接标准(业务空间)和对外开放(地域空间)3 个层面。

2.2.1　推进创新

制度创新是自贸试验区设立和发展的核心。在服务贸易创新发展方面,自贸试验区最具特色的制度创新就是国际贸易"单一窗口"。上海自贸试验区在全国首创了国际贸易"单一窗口",第一年就开始向全国进行复制推广,很快也建设了全国的标准版,提升了中国的口岸营商环境和口岸贸易便利化的水平。目前,上海自贸试验区国际贸易"单一窗口"已经形成包括货物申报、运输工具申报、中国国际进口博览会专区等在内的兼具"监管＋服务"十大功能板块。其中,包括地方应用 53 项,对接部门 22 个,覆盖了国际贸易的主要环节和监管的全流程。

1. 国际贸易"单一窗口"

"单一窗口"是国际贸易便利化的重要举措,企业通过接入"单一窗口"提交贸易单据,海关和国检等监管部门就能实现网上审批。由于"单一窗口"的便利性,降低了企业的交易成本,缩短了货物的通关时间,促进了贸易的便利性,极大地提高了监管部门审核的效率,联合国和世界贸易组织都曾提议建设国际贸易"单一窗口"。

中国"单一窗口"依托电子口岸公共平台进行建设,实行中央和地方分工负责。中央层面负责基本功能建设,包括执法基本功能、跨部门联网和应用、与境外信息共享等。地方层面负责特色服务功能,包括物流管理、政务管理、数据服务和特色应用等。

2. 发展历程

过去,国际贸易货物通关需要企业对接多个监管部门,并提交大量的纸质书面材料。随着上海国际贸易"单一窗口"的建设,这一切都已经成为历史。作为上海自贸试验区监管制度创新的重要内容,上海国际贸易"单一窗口"实现了"单一窗口"一次性提交所有的材料。监管部门通过这个"单一窗口"实现在线审核,并及时将结果反馈给申报企业,实现了申报企业与监管部门之间、不同的监管部门之间的信息互享、数据互享,真正实现了一网通办。随着上海自贸试验区制度创新的不断推进,上海国际贸易"单一窗口"也由最初的"1.0 版"发展到目前的"3.0 版"。伴随着上海国际贸易"单一窗口"的不断升级,国际贸易通关效率的不断提升,使得越来越多的企业从中受惠。未来,上海国际贸易"单一窗口"将成为服务长三角、服务全国的重要国际贸易交易平台。

(1)上海国际贸易"单一窗口 1.0 版"。

2015 年 6 月 30 日,上海国际贸易"单一窗口 1.0 版"全面上线运行,此举标志着上海国际贸易"单一窗口"建设进入一个新阶段,更是上海口岸促进贸易便利化和对接国际通行规则的重要举措,也实现了全国口岸"互联网+新模式"的创新。

2015 年 4 月,国务院印发了《关于改进口岸工作支持外贸发展的若干意见》,其中提出以上海自贸试验区"单一窗口"建设试点经验为基础,2017 年在全国所有口岸建成国际贸易"单一窗口"的目标。上海"单一窗口 1.0 版"成功上线运行,将进一步发挥示范带动效应,推广了上海自贸试验区的制度创新。

上海国际贸易"单一窗口"在全国上线,共有 23 个项目同时上线,17 个部门参与,包括:海关、国检、商务、国税和外汇等,构成了六大模块功能:货物申报、运输工具申报、支付结算、企业资质、贸易许可、信息查询等。至此,上海国际贸易"单一窗口 1.0 版"已具备国际贸易"单一窗口"的雏形。

在启动仪式上,上海电子口岸办和"单一窗口"相关运维单位共同签署了联合运维服务协议。亿通公司与北京九城志方软件科技有限公司上海分公司(简称"九城公司")、福建榕基软件股份有限公司上海分公司(简称"榕基公司")、上海科思达网络信息咨询服务有限公司(简称"科思达公司")等共同组成联合运维团队。其中,亿通公司为"单一窗口"平台服务、货物报关功能、船舶申报功能运维单位;九城公司、榕基公司为"单一窗口"货物报检功能运维单位;科思达公司为"单一窗口"一线进出境货物报关辅助功能运维单位。

"单一窗口"真正实现了公司对客户和对监管部门这两个环节的无缝衔接,公司相关操作人员数量减少了近四分之一,作业强度更是大大降低,公司的专业化服务能力显著提升。"单一窗口"能真正成为口岸整个链条的"单一窗口",税务、关税、港务等部门和单位能全部联动起来。

(2) 上海国际贸易"单一窗口 2.0 版"。

2018 年 6 月 28 日,上海国际贸易"单一窗口"购付汇业务顺利上线,此举标志着上海国际贸易"单一窗口"进入了"2.0 版本"。中国工商银行、中国银行和浦发银行成功办理了跨境购付汇业务,此业务由上海国际贸易"单一窗口"发起。上海国际贸易"单一窗口"金融服务模块与银行跨境金融服务实现深度融合,上海跨境贸易从通关申报到支付结算实现全流程数字化。

上海国际贸易"单一窗口"平台与银行后台实现数据互通,使企业报关单信息与贸易结算信息形成数据互嵌。企业在购付汇环节和货物通关环节不需要重复提交材料。对银行而言,实现贸易结算办理由柜台线下转为线上;对企业而言,实现"单一窗口"即可完成贸易资金和货物的周转,切实提升企业体验。

为进一步提升上海国际贸易"单一窗口"服务能级,优化跨境贸易营商环境,2017 年以来,在国家外汇管理局等相关单位的指导下,上海市口岸服务办公室积极牵头,会同中国出口信用保险公司及各银行组织多次企业调研,围绕企业实际需求提出上海国际贸易"单一窗口"金融服务项目方案。2018 年 1 月 17 日,上海市口岸服务办公室与中国出口信用保险公司上海分公司签署战略合作协议,并成功上线"单一窗口"信保业务。上海市口岸服务办公室已与中国建设银行、中国银行、中国工商银行、中国农业银行、浦发银行、浙商银行、平安银行上海分行以及上海银行签署战略合作协议,并于 2018 年 6 月 27 日完成"单一窗口"购付汇业务试点测试。

此次"单一窗口"购付汇业务顺利上线,进一步丰富了上海国际贸易"单一窗口"金融服务项目功能,推动了"互联网＋外贸＋金融"的深度融合,为金融科技与口岸服务协同发展、打造上海跨境贸易金融服务生态圈奠定了良好的基础。下一步,上海市口岸服务办公室将与各金融机构密切合作,在相关单位的支持指导下,继续完善"单一窗口"支付、结算、保险、融资等金融服务功能,不断提高上海国际贸易"单一窗口"服务能级,促进贸易便利化。

(3)上海国际贸易"单一窗口 3.0 版"。

为对标国际最高标准,上海自贸试验区积极打造国际贸易"单一窗口 3.0版",形成了汇聚多功能模块的"监管+服务"结构框架,服务 28 万家外贸企业,对接 22 个监管部门,实现了上海口岸货物申报、船舶申报和退税业务申报的全业务流程"单一窗口"办理。

国际贸易"单一窗口"在执法效率提升方面,也进行了积极的探索。例如,企业可以在船舶靠岸前就将船只信息提交到"单一窗口",监管部门依据信息判定船只的风险程度,对于风险级别低、信誉良好的船只可直接通行;对于风险程度高的船只则重点监控。此举大幅提升了检验检疫等国检部门的监管效率。

国际贸易"单一窗口"突破了时间和空间的限制,企业办理业务的时间由实施前的 2 天到如今只需 2 小时,进口货物申报由 1 天压缩到了 0.5 小时。2021 年,全年通过"单一窗口"申报渠道有超 3.7 万家企业申报办理出口退(免)税,累积申报应退(免)税额超 1 092 亿元。可见,"单一窗口"极大地提升了国际贸易便利性。

上海国际贸易"单一窗口"的建设借鉴了全球建设国际贸易"单一窗口"的成功经验,无论是从上线之初的"1.0 版"到"2.0 版",还是"3.0 版"。目前,上海国际贸易"单一窗口"已经全面覆盖了口岸通关执法领域。

3. 发展方向

上海国际贸易"单一窗口"的发展方向主要是区域化、国际化、智慧化和区块链化。

(1)区域化。

上海国际贸易"单一窗口"的第一个发展方向是区域化,最主要的目标就是立足上海,依托上海电子口岸正在进行的国际海港通、国际空港通和国际自贸通的建设,将上海国际贸易"单一窗口"打造成"上海服务"品牌,推动长三角更高质量一体化发展,并服务于长江经济带。2020 年底,上海国际贸易"单一窗口"总账户数为 10.9 万个,实现货物贸易领域出口退税办理全覆盖;年支撑全国近三分之一贸易量和 4 000 万标箱集装箱吞吐量的数据处理,成为全球数据处理规模最大的地方"单一窗口",在长三角地区乃至全国打响了"上海服务"品牌。

(2) 国际化。

上海国际贸易"单一窗口"的第二个发展方向是国际化。国际化的目标与"一带一路"沿线国家的口岸实现信息的互通互联,打造国际贸易枢纽口岸的节点,实现与亚太电子口岸成员的对接,更好地服务国家"一带一路"倡议,将上海打造为国际贸易的一个枢纽节点。目前,上海国际贸易"单一窗口"已与马来西亚的"单一窗口"以及澳大利亚的新南威尔士港进行了对接。

(3) 智慧化。

上海国际贸易"单一窗口"的第三个发展方向是智慧化,其目标是希望将整个上海口岸变成一个智慧口岸。通过现代信息技术的广泛应用,使得"单一窗口"实现智慧化,特别是以人工智能替代传统的人工查验,节约人工成本和提升效率。例如,机场的检验检疫采用大数据技术,提高快件的查获率。目前,中国所有的自贸试验区都已经复制和推广了上海自贸试验区的国际贸易"单一窗口"的这项制度创新。

(4) 区块链化。

区块链技术在上海国际贸易"单一窗口"未来应用场景广阔,区块链技术可以应用到数字货币、物联网等领域,为相关企业提供免费的公共服务。2019 年11 月,上海国际贸易"单一窗口""区块链+"已经实现多项应用成果,主要包括跨境人民币融资服务、国际医药供应链信息服务、保税展示展销智慧监管和服务等。这些应用成果都是基于区块链技术在不同场景的应用。未来,上海国际贸易"单一窗口""区块链+"应用场景将更加多样化。

2.2.2 对外开放

服务贸易的创新发展需要高水平的对外开放。上海自贸试验区通过不断强化对外开放功能促进服务贸易发展。自 2013 年设立上海自贸试验区以来,中国已经陆陆续续地设立了 21 家自贸试验区,在全国形成了由点到线、到面的网状结构。随着自贸试验区网络的形成,中国对外开放的新举措不断推出,对外开放的大门越开越大。而在这其中,最值得一提的就是建立了"负面清单"制度。

1. 负面清单

中国自贸试验区设立的一个重要目的就是积极探索外商投资管理制度,其中最为重要的就是"准入前国民待遇+负面清单"管理制度。2013 年,上海自贸试验区首份负面清单推出,自此开始,每年都会更新新的版本。截至 2020 年,中国自贸试验区版负面清单管理措施已从最初的 190 条减少到 30 条。负面清单管理制度是中国扩大对外开放的最好证明,体现在对外商投资的限制逐步减少,并且与国际通行投资规则接轨。短短几年内,中国自贸试验区负面清单经历了从无到有,从长到短的快速成长史。图 2.1 是中国自贸试验区负面清单的发展历程。

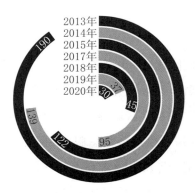

资料来源:作者根据相关资料自制。

图 2.1 中国自贸试验区负面清单的发展历程

随着自贸试验区负面清单的不断完善和成熟,2017 年,国家发改委和商务部联合发布了《外商投资产业指导目录(2017 年修订)》,将自贸试验区负面清单扩大到全国层面,建立了全国版外商投资准入负面清单。负面清单成功地实现了从自贸试验区到全国范围的可复制、可推广。

2. 服务贸易负面清单

2018 年 10 月,上海市政府正式发布了《中国(上海)自由贸易试验区跨境服务贸易负面清单管理模式实施办法》(以下简称《实施办法》)和《中国(上海)自由贸易试验区跨境服务贸易特别管理措施(负面清单)》(以下简称《负面清单》),这标志着负面清单管理制度已经开始应用到自贸试验区跨境服务贸易领域。专栏 2.1 便是《实施办法》和《负面清单》的主要内容。

专栏 2.1

《中国(上海)自由贸易试验区跨境服务贸易负面清单管理模式实施办法》的解读

2018 年 9 月,上海市政府印发了《中国(上海)自由贸易试验区跨境服务贸易负面清单管理模式实施办法》(以下简称《实施办法》),现就《实施办法》的有关内容解读如下:

一、制定背景

国务院《全面深化中国(上海)自由贸易试验区改革开放方案》提出"创新跨境服务贸易管理模式",在合适领域分层次逐步取消或放宽对跨境交付、自然人移动等模式的服务贸易限制措施。《上海市贯彻落实国家进一步扩大开放重大举措加快建立开放型经济新体制行动方案》也提出"探索跨境服务贸易负面清单管理模式"。为贯彻落实相关文件要求,推动自贸试验区服务贸易领域扩大开放,市商务委牵头起草了《实施办法》,经市政府第 25 次常务会议审议并通过。

二、主要内容

《实施办法》共 15 条,主要内容包括:

(1)明确了跨境服务贸易的定义。考虑到《实施办法》主要是对服务贸易进口进行规制,《实施办法》将"跨境服务贸易"的概念界定为"由境外向自贸试验区内开展服务交易的商业活动",并通过列举的方式将跨境交付、境外消费、自然人流动这三种模式予以涵盖。

(2)确立了跨境服务贸易管理与开放的基本原则。《实施办法》提出自贸区跨境服务贸易的管理与开放遵循"大胆闯、大胆试、自主改"的要求,坚持法治理念、坚持制度创新、坚持放管结合,为建设五个中心,服务"一带一路"建设和联动长江经济带提供支持,确保自贸试验区跨境服务贸易管理与开放于法有据、风险可控。

(3)建立了负面清单管理模式。为进一步扩大服务贸易领域的对外开放,《实施办法》建立了自贸试验区跨境服务贸易负面清单管理模式。负面清单依据现行法律、法规、规章和国家有关规定编制,根据国民经济行业分类,统一列明跨境服务贸易领域对境外服务和服务提供者采取的与国民待遇不一致、市场准入限制、当地存在要求等特别管理措施。对列入负面清单的跨境服务贸易行为,由各部门按照相应规定实施管理;在负面清单以外则按照境外服务及服务提供者与境内服务及服务提供者待遇一致的原则实施管理。

(4)明确部门管理职责。《实施办法》科学、合理地配置了跨境服务贸易监管的部门职责,明确由自贸试验区推进工作领导小组统筹协调跨境服务贸易扩大开放与事中事后监管;各行业主管部门依法履行监管职责,完善本行业跨境服务贸易管理措施;自贸试验区管委会负责会同相关部门实施负面清单;外汇、税务、出入境、通信、海关等部门配合跨境服务贸易领域管理措施的具体实施。《实施办法》还提出,要发挥本市服务贸易发展联席会议功能,建立跨部门联动制度,提升协同监管水平。

（5）明确规定试点开放领域应当配套风险防范制度。《实施办法》明确本市积极推进自贸试验区跨境服务贸易对外开放，推动适时修订负面清单。同时明确对于进一步开放试点领域，自贸试验区管委会应会同相关管理部门探索建立相应事中事后监管制度，建立风险防控机制，防范产业、数据、资金、人员等方面的安全风险。

（6）明晰与效力有关的事项。《实施办法》规定了与效力有关的事项，包括：港澳台地区的服务和服务提供者参照境外服务和服务提供者执行；有关法律、法规、规章及规定对跨境服务贸易特别管理措施作出修改调整的，国家在跨境服务贸易领域制定新措施的，或者国家批准在自贸试验区进行跨境服务贸易改革试点的，按照相关规定执行；CEPA、ECFA 及中国签订的自由贸易协定中对跨境服务贸易有更优惠开放措施的，按照相关协议规定执行。

本《实施办法》自 2018 年 11 月 1 日起施行。

资料来源：上海市人民政府官网。

2.2.3　对接标准

对接全球最高标准，能获取全球经济治理的主动权，更是上海自贸试验区服务贸易创新发展的要求。这集中体现在上海自贸试验区建设高水平的国际营商环境。

1. 国际营商环境

世界银行于 2019 年 10 月发布了《2020 年营商环境报告》。在该份报告中，中国的营商环境位列全球第 31 位，较 2018 年上升了 15 位。值得一提的是，这是中国连续第二年位居全球最大营商环境改善经济体前十。中国在截至 2019年 5 月 1 日的 12 个月中实施了创纪录的 8 项改革营商环境举措。

事实上，中国营商环境的改善与过去一年里实施的一系列营商环境改革密不可分。仅过去一年，政府进行了八大营商环境改革，力度之大，史无前例。全球营商便利度排第 31 名,得分 77.9(满分 100 分)。优化营商环境成为政府工作的重要议题之一。从中央到地方,横跨商业经营的各个环节,一系列改革政策在各地开花,通过精简环节、精简时间、精简费用、增加透明度等举措优化营商环境。

(1)国际营商环境的重要性。

国际营商环境的重要性集中体现在以下方面:

产业发展的规律从"特惠"转向"普惠"。过去,政府为了构建地区的产业体系和产业生态,通常会从经济发展需求出发"挑选"产业,对特定行业或特定产业链环节,给予财政、人才、税收等方面的支持。经过一段时间的发展,区域的经济结构和产业体系逐步完善。对政府而言,准确预判下一个产业的爆发式增长点也并非易事。因此,与其挑选产业,不如遵循新时代的产业发展逻辑——为跨界融合的产业生态打造适合其发展的土壤,从针对特定行业的"特惠型政策"转向服务所有产业的"普惠型政策",营造一个鼓励多元产业跨界合作、不同主体突破创新的环境。

企业发展的思路从"挑选"转向"哺育"。在过去招商引资过程中,地方政府通常给予"大投资、大项目"更大的支持力度,更高的政策灵活性,部分项目成为倒逼制度创新的契机。鼓励大投资,吸引 500 强企业固然可以立竿见影地带动地方经济,但在新时代产业发展趋势下,需要更为丰富的产业主体,如垂直行业的隐形冠军、中小型创新企业等,以填补产业空隙,发挥其更灵活的组织和商业模式特点,融合协作,为城市提供更多元、更个性化的服务。企业的发展最终将会回归到服务人的本质,而未来的社会环境将更大程度地鼓励人的多样需求,造就企业发展的多样性。优化营商环境就是创造共生共赢的土壤,哺育各种规模、不同模式的企业共同发展。

外部宏观环境的变化从"追赶"转向"引领"。中国长期受益于劳动力和成本优势带来的高速增长。追赶领先者,根据既定的国际游戏规则作出自身调整,如日渐开放的金融市场,逐渐放宽的汽车行业准入,在知识产权领域加强保护等。

随着中国综合国力的逐渐增强,过去的比较优势正在逐步被削弱,因此必须找到新的优势点,以全新的定位参与国际合作。打造国际一流的营商环境,树立全球性标杆,是中国迈向引领者,参与制定国际准则的第一步。基于宏观环境、城市产业体系发展规律,以及企业发展的特点,在当下打造高效、便捷营商环境的战略意义至关重要。

(2)打造国际营商环境的路径。

总结全球经验发现,打造营商环境有三条成功路径,即新加坡式"大政府"高效管控路径、中国香港式"小政府"自由开放路径和爱尔兰式"需求引导"路径。

新加坡式"大政府"高效管控路径。突出政府在引商、育商领域的职责及主导作用,形成以行业为导向的企业服务机制,强势推动经济发展。新加坡成立了经济发展局,专门负责国家的招商引资工作。经济发展局每隔3年对引资产业进行研讨来确定重点引资产业,并指派服务专员。服务专员为重点产业的重点客户提供悉心的引资全程一站式服务。正是通过这种"大政府"的高效管控模式,形成了新加坡良好营商环境的模式。

中国香港式"小政府"自由开放路径。中国香港依靠开放的市场化机制,以辐射亚太的区位优势、低税率和高效的服务吸引投资者,政府不过分干预市场,倡导"小政府"的理念。香港投资推广署过去15年不限行业,对各类企业提供免费、保密的"投资一站通"服务。由于其不过度干预市场,成功吸引了国外企业以香港为基地进入亚洲市场,以及内地企业以香港为平台"走出去"。作为顾问和统筹单位,香港设立了效率促进组,同时与118家外部顾问公司保持长期合作,开放引入专家意见,推动流程再造。

爱尔兰式"需求引导"路径。虽然爱尔兰的区位和政策等禀赋条件对外资吸引力有限,但是通过政府与潜在目标企业长期保持沟通、时刻了解企业发展的动态及需求,引导企业在本地投资寻找解决方案。为吸引外资,爱尔兰成立了产业发展局,其主要职责包括:制定产业规划、对接企业、了解企业关切和需求并提供企业各类投资服务等。其目的就是让企业将产业链上的更多关键核心环节转移到爱尔兰。

尽管每个国家或城市的区位禀赋、政府执政思路各有差异，三条路径的共通点在于政府为企业提供一切便利，精简流程，服务贴身。事实上，与中国同为发展中国家的印度尼西亚和印度，在过去数年，其全球营商环境排名有了很大跃升。例如，印度尼西亚排名从 2014 年的第 120 名提升至 2019 年的第 73 名。印度尼西亚的改进主要集中在提升融资效率（例如，通过政府信贷机构收集并分享企业信息，为企业增信提供帮助，以助其更快获得贷款等）提高政府效率和优化公共服务等三个方面；印度从 2014 年的第 134 位升至 2019 年的第 77 位。印度从 2014 年开启了重振制造业计划，从基础设施建设和行政效率入手改善营商环境。

可见，排名跃升的关键在于，正视营商环境的短板领域，同时持续不断地做出提升和改革。即使一部分改革无法在短期完成，但是对企业而言，制度体系的点滴完善，流程的逐步精简都是政府释放的良性信号，以小见大，增加了企业及机构对本地政府和经济的信心。

（3）建立符合国情特征的评价体系。

世界银行对中国的评价只是选取了上海和北京为样本城市，对于中国整体而言，大部分城市的营商环境还远远达不到这两座城市的水平。为了评价中国的营商环境，不能完全照搬世界银行的评分体系，需要建立符合自身国情的评价体系。

世界银行的评价体系逻辑上是基于企业的生命周期，从企业设立、厂房建设、合约执行直到生命周期的结束破产清算。然而落到实处时，因为中国地域广阔，各地城市化进程和产业结构不同，仅按照企业生命周期的环节进行评价是远远不够的。在企业经营过程中遇到的硬环境因素，例如，基础设施的建设水平、生态环境水平，以及软环境因素，如教育、医疗资源配备、人才吸引开放政策等，这些软硬环境因素决定了一个城市的吸引力和凝聚力，构成了广义上的营商环境。因此，在讨论优化营商环境时，必须率先建立一套符合中国国情的评价体系，才能在进行各城市的客观评价之后找到短板，再做提升。

（4）优化营商环境的抓手。

在国内营商环境整体优化的趋势下，一些领先城市或区域（如自贸试验区），肩负起国家赋予的"先行先试"使命，在三个方面作出了尝试，取得了不俗的成绩，值得各地借鉴学习。

一是机制创新。从根源上扩大开放，深度融合企业需求，营造便利环境。政府在中国经济发展过程中，始终起着举足轻重的作用。过去的机制从政府管理的角度出发，被动地解决企业与政府在每一个触点产生的问题。而未来的管理机制应该是政府管理与企业需求实现无缝对接，水到渠成地帮助企业解决所有潜在的问题。按照现在的管理制度，很难实现深度对接，唯有制度创新，以更包容更开阔的心胸，邀请企业共治，才能深度掌控并预测企业需求。例如，深圳前海自贸试验区建立了"政府职能＋前海法定机构＋蛇口企业机构＋咨委会社会机构"的市场化创新机制，通过政府放权、企业参与，形成了推动市场化运营的自贸试验区新模式。

二是服务创新。集合大数据分析，为企业提供定制化的贴身服务。作为基建强国，各地政府能为企业提供的硬环境上的便利逐渐趋于雷同，而在软性服务上仍有较大的提升空间。进入大数据时代，过去需要耗费大量人力、物力才能实现的服务功能在大数据时代可以"一键完成"。政府可以利用大数据为企业提供个性化的定制服务。例如，横琴自贸试验区通过大数据为区内的企业推送企业所属行业、产业的政务服务信息和专项信息，使企业了解最新优惠政策，实现了企业与政府之间、企业与企业之间的信息共享。

三是监管创新。构建以企业信任为基础的监管体系，同时保护消费者和投资者的利益。在制造业高速发展的时代，市场监管的重心集中在生产安全及产品质量上，监管维度有限，容错率低。但是随着服务业的发展，监管维度不断提升，为此需要不断创新。这就要求在风险可控的前提下，给予监管创新一定的容错空间，寻求创新与监管之间的最佳平衡点。例如，香港引进的"监管沙盒"制度，将沙盒内设定为一个安全的空间，在此空间内企业可以测试新产品、新服务。

"监管沙盒"制度将创新和监管融为一体,做到既有利于企业创新,又有利于政府监管。

优化营商环境,是对接国际最高标准的一项没有休止符的系统性工程。随着中国综合国力逐步提升,越来越多的城市将参与到国际资源、资本和人才的竞争之中,优化营商环境将是各地政府长期的工作重点。相信有越来越多的城市将会打造出世界一流的营商环境,在世界产业链中创造更多价值。

2. 上海自贸试验区打造国际一流营商环境

(1)上海优化营商环境"1.0 版"。

2017 年 12 月,上海市政府印发了《上海市着力优化营商环境加快构建开放型经济新体制行动方案》,标志着上海优化营商环境"1.0 版"正式开启。世界银行《2017 年全球营商环境报告》中,对中国改善营商环境提出了 28 项政策建议。上海优化营商环境"1.0 版"正是针对世界银行的政策建议,逐一进行比对和改进,具体涉及:开办企业、获得电力、办理施工许可、登记财产、跨境贸易和纳税等 6 个领域。详细如表 2.1 所示。

表 2.1　上海优化营商环境"1.0 版"主要指标及内容

指　标	内　容
开办企业	企业注册"一窗通"服务平台系统于 2018 年 3 月底上线,营业执照、公安公章备案、税务涉税事项将在"一窗通"一次受理,后台自动分送和办理,同时"一窗通"还提供银行预约开户、社保用工自助办理等服务功能。改革后,办理环节将由之前的 7 个环节调整为 5 个环节,办理时间从原来的 22 天缩减到 6 天内办结
获得电力	用户申请电力接入将由电网企业一口受理,彻底改变原来企业既要交钱、又要跑手续的状况,办理手续将从原来的 5 项,缩减为用电申请和竣工装表两项,平均用时从原来的 145 天缩减到平均不超过 25 个工作日。同时,取消低压非居民用户的外线工程费用,小微用户取得电力接入的成本由原来的近 20 万元降为 0
办理施工许可	通过完善分类审批模式、推进审批流程再造、探索"多评合一"、推行"多图联审"等改革,将取得土地到获得施工许可的政府审批时间,从原来的 105 天缩短到分别不超过工业项目 15 个工作日、小型项目 35 个工作日、其他社会项目 48 个工作日

续表

指　标	内　　容
登记财产	实施"全·网·通"服务改革,窗口一次受理后即可完成不动产交易登记的全部申请手续,办理时限从原来 28 天缩减为抵押权、地役权等 6 个事项当日办结,和其他事项 5 个工作日办结
跨境贸易	并联开展口岸作业,实施报检报关、物流作业同步操作,推广进口集装箱"从货物抵港至提离港区"时间压缩三分之一;压缩单证时间,实行出口原产地证网上申请自主打印 4 小时办结,地方商务部门审批的机电类产品进口许可证出证一天内办结。同时,还将公布口岸作业和处理环节收费
纳　税	通过推出办税事项"最多跑一次"清单、探索预填式一键申报、实行网上更正申报、拓展多元缴税方式等,纳税时间有望减少 20%。由于营改增和印花税实行网上申报,纳税次数可减少两次

资料来源:作者根据《上海市着力优化营商环境加快构建开放型经济新体制行动方案》整理。

通过优化营商环境的专项行动计划,对标世界银行的营商环境标准,上海系统性地改善了营商环境,使企业更有获得感,不断向国际高水平营商环境的行列迈进。

(2)上海优化营商环境"2.0 版"。

上海在优化营商环境"1.0 版"的基础上,进一步对标世界银行的指标体系,并于 2019 年形成了优化营商环境行动计划"2.0 版"。主要指标和内容如表 2.2 所示。

此外,上海积极争取营商环境改革的先行先试,率先推出了一系列的改革举措,包括执行合同、获得信贷、办理破产等指标,并从市场实际需求出发,积极争取国家主管部门支持,先行先试相关改革举措。其在制度创新上继续走在前列,提升"一网通办"政务服务效能。如推动惠企政策"一窗通办"。以区行政服务中心为载体,实现惠企政策"一口受理、一窗通办",使得企业对惠企政策更为了解和熟知,加大对中小企业支持力度。全面落实好民营经济 27 条。着力加强知识产权保护,进一步提高知识产权审查质量和效率,完善知识产权执法体系;进一步清理规范涉企行政事业性收费;进一步降低用工成本、用电用气成本和出口环节费用;进一步完善简易注销程序,推动破产基础制度建设等。

表 2.2　上海优化营商环境"2.0 版"主要指标及内容

指　　标	内　　容
开办企业	2019 年的改革目标:环节由 4 个减少到 3 个,办理时间由 9 天减少到 3—5 天,费用争取有所下降。主要改革举措:一是优化完善企业开办"一窗通"平台系统功能;二是将就业参保登记信息填报整合入"一窗通"平台,实现全流程"一次填报";三是税务部门发票申领窗口进驻各区行政服务中心,设置线下开办企业"一窗通"窗口,实现开办企业营业执照与发票"一窗发放";四是将公安部门印章刻制系统纳入"一窗通"系统,实现"一窗通"一表填报,后台数据同步共享
办理施工许可	2019 年的改革目标:环节由 19 个减少到 14 个,办理时间由 169.5 天减少到 97 天,质量控制指数和成本保持现有成果,力争有所提升。主要改革举措:一是修订建设项目环评分类管理目录,豁免一批环境影响小、风险可控的小型项目的环评手续。二是完善施工现场质量监督的相关管理措施,针对社会投资小型项目在明确建设单位主体责任的同时,减少质量监督机构的随机检查频次。三是出台全覆盖建设工程综合验收管理办法,实行综合验收,取消小型社会投资项目消防部门的单独竣工验收。四是修改完善供排水接入改革实施办法,将申请、现场踏勘、方案答复与工程建设阶段的其他环节同步并联办理。五是依托"一网通办"平台,加强数据共享对接,实现投资项目备案和办理施工许可"一网通办"。六是进一步优化审批系统功能,实现社会投资项目审批全程无纸化、零窗口、一网通办
获得电力	2019 年的改革目标:环节由 3 个缩减为 2 个,获得电力平均时间压缩至不超过 20 天。主要改革举措:一是进一步减少办电程序。在申请环节加入合同内容,实现申请即签合同。二是进一步压缩低压小微用户办理时间。160 千瓦及以下低压小微用户的选线、供电方案设计从 14 个工作日压缩至 8 天,外线施工从 10 个工作日压缩至 7 天;涉及不超过 150 米外部电源工程的,规划、路政、交警、绿化等相关审批试行告知承诺管理。三是打造网上服务平台,减少办电程序和临柜次数。四是推进智能电网建设,提升供电品质
财产登记	2019 年的改革目标:环节由 4 个减少到 2 个,办理时间由 9 天减少到 5 天,质量指数争取由 23.5 提升至 24.5。主要改革举措:一是对常规不动产登记事项全面实行网上预受理。二是对不涉及房产税的不动产转移登记事项实行现场核税。三是针对企业间转让工业仓库的不动产转移登记开通当日办结的绿色通道。四是设置独立的不动产登记和地籍图服务的投诉电话,建立独立纠纷处理机制。五是优化缴税和登记费支付等环节,实现申请人"最多跑一次"

续表

指　标	内　容
跨境贸易	2019 年的改革目标:进口方面,边境合规时间保持在 48 小时以内,边境合规费用从 335 美元降为 316 美元;单证合规时间从 24 小时降为 8—10 小时,单证合规费用从 120 美元降为 70 美元。出口方面,边境合规时间从 23 小时降为 16—20 小时,边境合规费用从 305 美元降为 293 美元;单证合规时间从 8 小时降为 6—8 小时,单证合规费用保持在 70 美元以内。主要改革举措:一是减少进口申报随附单证,取消汽配类商品自动进口许可证和纸质设备交接单。二是降低进口边境合规费用,包括取消报检费、降低货物港务费、保安费、搬移费等。三是减少出口申报随附单证,推广出口原产地证书自主打印,取消纸质设备交接单。四是降低出口边境合规费用,取消报检费,降低货物港务费、保安费、搬移费。五是推广进口"提前申报""提前换单",扩大关税保证保险试点范畴,推进提货单电子化流转。六是加强对上海口岸经营性收费的检查力度。七是按照服务与收费相一致原则,规范集装箱堆场、查验场站收费,加强价格监督检查,防止滥用优势地位指定服务商
纳　税	2019 年的改革目标:总税率及社会缴费降低到 65％左右,纳税时间减少到 130 小时。保持其他指标表现并争取有所提升。主要改革举措:一是落实国家政策,停征河道管理费。二是调整住房公积金缴存基数、比例以及月缴存上下限,明确职工本人和单位住房公积金缴存比例各为 5％—7％。单位可以在 5％—7％范围内自主确定住房公积金缴存比例,并取消审批流程。三是加快推进涉税服务事项网上办理,纳税基本信息共享共用

资料来源:作者根据《上海市进一步优化营商环境实施计划》整理。

在完善营商环境工作机制方面,重点是建立法治保障的政学共同体。上海市司法机关、法学院校和研究机构、专业执业机构共同参与,深化研究涉及营商环境的涉法涉规等重大问题。同时,按照国家营商环境评价的工作要求,组织好上海的以评促改工作,开展对各区的营商环境考核评估。

(3)上海优化营商环境"3.0 版"。

2020 年 1 月,上海发布了《上海市全面深化国际一流营商环境建设实施方案》,上海优化营商环境"3.0 版"改革方案正式出台。上海优化营商环境"3.0 版"是在全球营商环境发展经验基础上形成的,主要对标国际最高标准、最好水平,针对企业政务服务新需求所进行的相关领域改革,稳步推动上海营商环境再上新台阶,主要围绕"1＋2＋X"的框架设计,如表 2.3 所示。

表 2.3 上海优化营商环境"3.0 版"指标及主要内容

指 标	内 容
"1"	"1"就是"一网通办"。"一网通办"是上海深化"放管服"改革、优化营商环境的重要工作抓手和政务服务品牌。"一网通办"重在打通数据壁垒,现在基本实现了政府服务进"一网",下一步关键在"通办",推动各部门工作从上网办事向流程再造拓展。"3.0 版"改革方案将以高效办成"一件事"为目标,进一步聚焦提升"一网通办"的应用效能,深入推动全流程革命性再造,全面推动公共服务事项接入,全力推进个人主页和企业专属网页建设,精准推送事项、满足需求、做好服务
"2"	"2"就是提升上海在世界银行和国家两个营商环境评价中的表现。"3.0版"瞄准新加坡、中国香港等世界银行营商环境评价领先的经济体,借鉴国内外其他地区先进的政务服务理念和经验,深化整合跨部门的办事流程,最大限度地压减企业办事的环节、材料、时间、费用,着力提升企业办事便利度。比如,上海在执行合同指标上虽然已经在世界银行测评中位居全球前列,但还要通过完善送达制度和鉴定机构管理制度等措施,力争时间从485 天减少至 345 天。办理施工许可,上海借鉴了香港"一站式中心"的模式经验,通过社会投资项目审批审查中心一个窗口提供申请、审批、检查、验收等建设项目全流程服务,努力做到 5 个环节 24 天。"3.0 版"还大幅扩大了指标改革的覆盖面。比如,获得电力接入工程项目行政审批制度改革要从低压用户扩展到 10 千伏的高压用户,并且在用水、用气、用网等公共服务领域也要采用"一窗受理、一网通办、在线办理、限时办结",提高市政设施接入效率。"3.0 版"还将继续探索实施包容审慎监管,研究出台市场轻微违法违规经营行为免罚清单"2.0 版",并在食品药品、质量安全、文化执法、劳动监察等领域,实施信用报告代替无违法违规证明,降低企业办事成本
"X"	"X"就是围绕加强、保护和激发市场主体活力提供的一揽子制度供给。"3.0 版"明确了 10 项改革任务,主要是回应大调研中了解到的市场主体诉求,对企业关注度高、反映比较集中的事项系统施策,加大改革力度。比如,进一步提高政策透明度,对惠企政策归口汇总机制明确了更高的服务标准,搭建政企沟通制度化平台,畅通企业诉求和权益保护的反映渠道,建立健全企业家参与涉企政策制定机制等。针对在沪外籍人士反映的办理外国人工作许可证程序较多、耗时偏长等问题,上海将在市区两级设立外国人工作、居留单一窗口,提供一窗受理、一并发证、一门式服务,限时 7 个工作日办结。在长三角区域大力推进政务服务"同事同标",探索以跨省办成一件事为目标的跨省主题式套餐服务,统一办事指南核心要素,实现线上申报、受理、办理等深度对接,无感办理跨省业务等。针对企业跨区迁移、企业注销、惠企政策办理等方面的诉求,"3.0 版"从申诉协调、平台改造、流程优化等方面系统设计了更有针对性的改革举措。相关部门还将在实施过程中,及时了解和解决企业反映集中的诉求,不断完善丰富服务企业的政策制度

可见，上海正是在全面总结全球营商环境改革的成功经验，同时在针对企业回应政务服务新需求的基础上形成了上海营商环境"3.0 版"。上海各政府部门将围绕优化营商环境"3.0 版"提出的各项具体要求、认真落实，使得上海营商环境再上新台阶。

（4）上海优化营商环境取得的成效。

在优化营商环境"1.0 版"和"2.0 版"的基础上，上海推出了营商环境"3.0版"，加快了营商环境改革的步伐。细看上海营商环境"3.0 版"就不难发现，这版的改革举措较前两版之和还要多，囊括企业生产经营的方方面面，全方位为企业经营保驾护航。概括而言，从软件和硬件两个层面改善了上海的营商环境，具体如下：

就软件层面而言，优化营商环境"3.0 版"通过"一网通办"为企业打造了生产和经营的便利化环境。此次优化营商环境主要围绕"1＋2＋X"设计，这个"1"就是"一网通办"。长期以来，在政务服务方面，政府部门通过让企业只跑一次来减轻企业负担。但是由于存在较多政府部门，导致较多的"只跑一次"也会加重企业应对政务的负担。为此，上海优化营商环境提出了政务服务"一网通办"。通过整合政府各部门的各种资源，真正让企业"只跑一次"就能处理完成所有政务服务，这不仅是政府服务方式的改变，更是政府服务理念的转变。

就硬件层面而言，优化营商环境"3.0 版"改革方案大幅提升了对企业生产经营所需的资源供给保障。例如，在土地供给方面，上海政府承诺，对好的投资项目政府将保障土地供给，即好的投资项目永远不缺土地。其将重点围绕核心关键产业，建设 20 个左右的特色产业园区，每个园区占地不少于 3—5 平方千米。在引领重大产业项目投资方面，上海还成立了投资促进小组，全程为重大产业项目保驾护航。

因此，上海优化营商环境"3.0 版"上线，"一网通办"给企业所能带来的便利是不言而喻的。但是企业更为看重的是对资源限制的放松，是对企业生产经营的全方位解绑，是政府配置资源理念的转变，所有这些才是企业最为在意之处。

（5）上海自贸试验区引领改革营商便利度关键指标。

上海自贸试验区在营商环境建设中一直发挥着标杆和引领作用，并率先形成法治化、国际化、便利化的营商环境，主要涉及 4 个方面：提升贸易投资便利化；加快政府职能转变；优化创新创业活力；提升自贸试验区法治政府。其以上海自贸试验区建设为突破口，在上海自贸试验区先行先试。

推行开办企业"一窗通办"、一次许可。上海市工商局、市公安局、市税务局于 2018 年 2 月共同发布《关于加快企业登记流程再造　推行开办企业"一窗通"服务平台的意见》，旨在实现上海市新设企业通过工商、公安、税务并联办理，实现材料齐全 3 天可领照、5 天可营业。重点围绕"简环节、压时间、便企业"的目标不断深化，此项政策在上海自贸试验区先行先试。

一是开通运行"一窗通"服务平台。此平台打通申请、受理、审批、反馈等环节，工商、税务和公安等职能部门简化流程，为企业审批提速提供保障和支撑。通过将原先申请人按先后顺序现场依次向各部门提交有关申请材料的传统办证流程，再造为申请人通过"一窗通"服务平台填写数据，实现工商备案、公安公章备案、税务登记等同步采集数据、同步办理。"一窗通"还提供银行预约开户、社保用工自助办理等服务功能。

二是精简环节与压缩时间并举。一方面，对原有环节流程逐一梳理，削减部分办事环节。比如，将工商部门的企业名称预先核准和企业设立登记两个环节合并为一个环节，将人社部门原用工登记和社保缴费登记两个环节，合并为就业参保登记一个环节。工商部门对开办企业材料整体审查作出一个登记决定。另一方面，对于确需保留的环节，尽量简化内部流程以提高工作效率。

三是开展"一照多址""一证多址"改革试点。上海长宁区于 2017 年 7 月率先实行相关改革试点（"一照多址""一证多址"）。改革试点的具体内容为：在长宁区的所有内资企业如有营业场地且需要增设新的营业场所，无须再次办理分支机构营业执照。2017 年，"一照多址"登记改革试点升级为"2.0 版本"，进一步扩大了试点对象和范围，实现"一张营业执照、多个经营地址、一次行政许可"。

实行投资项目分类标准、联合审批。上海聚焦本市社会投资项目审批改革，成立社会投资项目工作改革小组，全面负责社会投资项目的改革。2018 年开始，上海陆续出台了《进一步深化本市社会投资项目审批改革实施办法》《进一步深化本市社会投资项目竣工验收改革实施办法》和《上海市工程建设项目审批制度改革试点实施方案》。通过顶层设计、流程再造，不断完善投资项目分类标准，为分类审批奠定基础。通过改革，大幅缩减了项目的办理流程和时间，大幅提升效率。此项政策也在上海自贸试验区先行先试。

一是构建分类审批制度。根据项目的不同来源和性质，对项目进行逐一分类，包括两大类和八小类。每一类别又制定出相关流程、方式和时间等审批程序，实现差别化和精准化管理。在此过程中，加大对窗口、审批和审图人员的培训，为企业提供优质的咨询服务。

二是审批流程再精简。将各类项目的审批流程再精简，主要归结为用地审批、工程审批、施工审批和验收环节 4 个部分。在这 4 个部分中，再进行进一步的简化流程，主要是取消不必要的行政审批事项和审批前置条件等。

三是实施"一网通办"。通过打造"一网通办"的审批管理系统，相继完成改革四阶段审批功能的开发，同步推进多规合一协同平台和用地规划许可审批模块，实现"对外由审批系统统一受理，对内与发改委在线投资审批系统、规划全覆盖系统、地理信息系统等各部门审批系统互联互通"，形成了一套规范透明的电子政务"通办"服务机制。通过多规合一协同平台，加速项目前期策划生成速度，提升策划生成质量。

四是监管模式的改变。由事前监管变为事中事后监管，并建立以全社会诚信体系为基础的监管新模式。对于风险可控的项目，采用事中事后监管，审批部门免于事前审批。全面推行"双随机、一公开"的监管制度，明确建设主体的责任，强化监管部门信用信息的互联共享，完善信用信息的记录、公开、评价和应用制度。强化守信激励和失信惩戒措施，建立"黑名单"管理制度，加大跨部门的失信联合惩戒，增加违规和失信成本。

实行电网企业"一口受理、一站服务"。为进一步提高电力接入效率和服务水平,上海市发改委会同有关部门制定出台了《上海市进一步优化电力接入营商环境实施办法(试行)》。作为电网工程的实施主体,国家电网上海市电力公司积极响应改革举措,发布《国网上海市电力公司关于进一步降低接电成本、优化办电服务流程的通知》,重点面向小微企业开展"FREE"(即 free、rapid、efficient、excellent。)供电服务。此项政策也在上海自贸试验区进行先行试点。

一是通过流程再造大幅压减接电时间。将涉及低压用户的审批权下放给供电公司,这样就可以实现在一个单位内实行审批、任务下达和实施等。与此同时,凡是涉及电网并入的业务,包括规划、绿化、掘路等,由前置审批变为并联操作。此外,还运用信息技术包括 GIS、大数据等方式,压缩现场勘察、设计、施工方选择和接电等待的时间。

二是通过精简申请环节减少办理手续。精简各类高低压用户接电环节,低压用户精简至客户申请、装表接电两个环节;高压用户由于工程复杂度不同,相比低压用户增加了供电方案答复、外线工程施工两个环节,总计 4 个环节。

三是通过优化工程方案减少接电成本。进一步明确和细化相关费用标准,推行标准化物料、优化电力工程方案、降低工程造价。电网建设投资延伸至低压客户电能表。

四是落实"三个一"要求提升服务质量。上海市电力公司在政务大厅设立"供电配套"窗口,实行"一口对外、一证受理、一站服务",供电公司为客户提供一站式服务,全程代办相关手续。与此同时,持续改善企业获得电力的便利度、满意度和获得感。

依托建设国际一流口岸提高通关效率。当前,上海大力提升投资贸易便利化水平,将自贸试验区作为对接 WTO《贸易便利化协定》的重要载体。2018 年 3 月,上海市口岸办、发改委、港务集团等单位联合制定《上海口岸优化跨境贸易营商环境若干措施》,聚焦降低集装箱跨境贸易合规成本,简化单证办理流程,切实提高通关效率,进一步完善跨境贸易通关服务机制。

一是全面实现"单一窗口"申报。对标国际最高标准,上海自贸试验区打造国际贸易"单一窗口",形成了汇聚多功能模块的"监管＋服务"结构框架。实现了上海口岸货物申报、船舶申报和退税业务申报的全业务"单一窗口"办理。国际贸易"单一窗口"突破了时间和空间的限制,企业办理业务的时间由实施前的两天到如今只需两小时,进口货物申报由一天压缩到了 0.5 小时。上海国际贸易"单一窗口",从上线之初的"1.0 版"到"2.0 版",再到"3.0 版",借鉴了国际上建设"单一窗口"的成熟经验。目前,全面覆盖口岸通关执法领域,正在深度融合贸易监管功能和营造商业环境。

二是持续改善边境合规时间与费用。将货物报关报检由原来的"串联"流程改为同步"并联"受理。口岸单位与申报企业合作,共同形成《进口集装箱"并联作业"(48 小时)参考流程》。优化"通关＋物流"跟踪查询应用系统,扩充到"单一窗口"移动版和港务业务办理系统,便利企业查询流程办理进度。与此同时,在国际贸易"单一窗口"公布口岸费用情况,进一步完善口岸作业和处理环节收费公示,对不合理收费行为予以清理和规范。

三是发挥市场主体参与作用。不断提升口岸代理服务质量和效率。围绕压缩整体通关时间,探索建立代理服务企业的评价机制,宣传推广代理服务企业的典型经验和做法,并通过"单一窗口"建立通关时间监督制度。积极开展政策宣讲,探索建立申报容错的标准和流程。

(6)上海自贸试验区继续优化营商环境的方向。

首先,继续在审批流程再造上做文章。流程再造不是简单的"加加减减",也不是针对特定行业或部分企业,而是以办事全流程便利化为目标对原有以部门为基础的审批流程进行系统性重构。对于企业开办、投资项目审批、工程建设项目审批、获得电力等涉及营商环境改善的事项,要重点推进审批流程再造。具体而言,以服务对象能够便利办成一件事的全流程为核心,整合原有各部门碎片化、条线化的政务服务事项前端受理功能,建立跨部门协同办理机制,进一步优化从"串联"到"并联"的审批流程。

其次,通过整合政务服务平台继续推行"一网通办"。调研发现,仅工程建设项目审批事项就有发改、规划、住建等多个管理平台,还不同程度地存在政务平台建设管理分散、办事系统繁杂、事项标准不一、数据共享不畅、业务协同不足等问题。要以推行"一网通办"为目标,建立以国家政务服务平台为主体、地方政务服务平台为支撑的"一站式"政务服务门户。与此同时,继续完善线上政务服务与线下政务服务的精准对接,实现政务服务全程联动与操作留痕,实现一套标准、一个平台线上线下同步发展。

再次,实现数据的高效共享。数据整合共享是推行"一网通办"的前提和基础,但数据整合不是把各部门所有的数据都归集起来,只有让归集的数据变成有用的数据才能真正实现"数据跑路"替代"群众跑腿"。总体而言,应把政务信息作为数据资源实现全流程的归集和共享。通过技术创新和流程再造,逐步完善政务数据资源体系。

最后,持续优化政府服务。发扬"店小二"精神,就是把企业和群众当作客户,政府部门、机关干部要当好"服务员",进一步树立"服务即生产力"理念,不断强化服务意识。要善于用心倾听、换位感受需求,推动政务服务从"以部门为中心"向"以客户为中心"转变。最为关键的是,以群众感受作为评价标准,通过数字化改造提升效率。改善政府服务,将第三方评估作为评价政府服务的标尺,让群众拥有更多获得感。

第 3 章
上海自贸试验区服务贸易创新发展的模式

依据自贸试验区服务贸易创新发展的形式、动力和业态等,上海自贸试验区可以建立服务贸易集聚区模式、外资拉动模式和服务外包模式。

3.1 服务贸易集聚区模式

建立服务贸易集聚区是上海自贸试验区服务贸易创新发展的主要形式。国际服务贸易包括跨境交付、商业存在、自然人流动和境外消费四种提供方式。本书认为,除境外消费之外,其余都能在上海自贸试验区内实现。为此,上海自贸试验区可建立全球服务贸易进口集聚区加快其发展。

2018 年 11 月,在上海国家会展中心举行了首届中国国际进口博览会,且上海将成为中国国际进口博览会的永久举办地。举办中国国际进口博览会是中国主动扩大开放的重要举措,表明了中国对贸易自由化和经济全球化的坚定支持。上海应利用中国国际进口博览会每年举行的契机,与中国国际进口博览会共同创立全球服务贸易进口集聚区,以此加快上海自贸试验区服务贸易集聚区的形成,创新发展服务贸易。

3.1.1 中国国际进口博览会服务贸易展区

中国国际进口博览会共有七大展区。其中,最有特色的展区就是服务贸易展区。因为与其他展区不同,服务贸易展区没有任何实物商品,它的展品是"看不见的服务",主要包括:技术、教育、设计、物流等。

服务贸易展区主要位于国家会展中心1号展厅,有别于其他可以看得见"实物"的展区,这里很少能看见实物,这里的展品——服务,包括信息通信技术、智能制造技术、生物医药技术、人工智能技术、芯片技术、云服务、供应链、大数据分析、众创众包、智慧城市、战略咨询、工业设计、建筑方案设计、平面设计、服装设计、个人创意设计、动漫制作、音乐艺术、舞蹈艺术、戏曲艺术、境外非物质文化遗产、旅游资源、旅行路线、酒店服务、海运、律师、会计、咨询、知识产权等。

2021年中国服务进口总额近5.3万亿元。中国在传统服务贸易领域的进口额相当可观,涉及五大领域(建筑、交通、特许权、商业和保险)。在这片巨大的市场,提供高附加值服务蕴藏着巨大的商机。中国国际进口博览会为服务贸易的供需双方提供一个交易的平台,让全球优质的服务走进中国和世界各国。

中国国际进口博览会服务贸易展区面积达3万平方米,2018年首届中国国际进口博览会就吸引了全球近500家服务贸易领军企业参展,包括渣打银行、美国联合包裹(UPS)、德勤、冯氏集团等。以具有百余年历史的全球最大消费品贸易集团——冯氏集团(原利丰集团)为例,它在中国国际进口博览会期间将最新的智慧供应链方案进行展示,即对产品就行全流程创新,包含产品设计、产品生产、物流运输和销售等所有环节。智慧零售供应链可以帮助客户简化业务流程、缩短交货周期。如在服装打样方面,过去,国内的设计师、工厂需要真的做一件样品出来,然后寄送到国外客户手中,让客户确认,但如今,借助3D打样、虚拟打样技术,国外的客户通过网络就可以很快进行确认,仅时间成本就节省了不少。迪士尼、耐克等,这些我们耳熟能详的品牌背后,都有智慧供应链解决方案进行支撑。

鉴于中国国际进口博览会展期时间只有 6 天,无法满足来自世界各地的参会者的接洽需求,为此,依据《中国国际进口博览会实施方案》,上海启动了"6＋365"天的常年展示交易平台的建设,旨在通过专业的服务为来自全球的服务贸易提供商和采购商搭建常年展示交易平台,使得更多全球服务产品进入中国和世界市场,进一步放大中国国际进口博览会的溢出效应。

3.1.2　以"五四三二一"体系建设全球服务贸易进口集聚区

上海应以中国国际进口博览会服务贸易展区为基础,以"五四三二一"体系,即五大业务板块、四大服务平台、三大特色亮点、两大重点领域和一大服务主题,更好地建设全球服务贸易进口集聚区,助力上海对外开放新格局和服务贸易创新发展。

五大业务板块。上海通过打造五大服务贸易进口业务板块,即商贸物流及供应链服务、金融及咨询服务、检验检测及认证服务、文化和旅游服务、综合服务(建筑、设计等),全面支撑起货物贸易展区的服务需求。

四大服务平台。通过构建四大服务平台,为全球服务贸易进口集聚区提供全方位的服务。

综合服务平台旨在为展商提供综合性的产品技术常年展示交易服务;跨境电商平台旨在通过线上渠道为消费者提供更多的海外特色优势产品;专业贸易平台致力于提供机床、酒类、化妆品、平行汽车、农产品等特定商品保税展示、检测认证等专业配套服务;国别商品平台主要展示和交易特定国家的商品和服务。

三大特色亮点。国际物流服务降本增效:国际物流服务商运用物联网、大数据和人工智能等技术,通过简化服务提供流程,提高企业所运产品的竞争力,减少企业在供应链环节的困扰,协助将企业发展的重心回到产品提升本身。"一带一路"建设,助力企业出海:借助全球客户的服务经验,全球服务贸易进口集聚区以"一带一路"建设的资源为基础,提高资金的安全性、渠道的便利性,降低海外市场拓展的非关税性技术壁垒,帮助企业出海。数字赋能:全球服务贸易进口集聚区将聚焦全球四大专业服务公司、全球顶尖赛事组织方、全球龙头建筑设计企业,转化全球近千个智慧城市项目的建设案例和经验,以智力支持助力中国智慧城市建设及发展。

两大重点领域。就目前而言,打造中国国际进口博览会全球服务贸易进口集聚区可以聚焦金融行业和国际物流两大重点领域。

金融行业:目前,外资金融服务擅长的领域是服务有跨境业务需求的客户,以及服务境外机构投资中国市场。未来,随着中国进一步开放市场,境内机构和居民财富增长和资产配置需求的增加,金融服务进口需求会继续增长,外资金融服务也有更多机会深入本地市场。事实上,随着中国实体经济的成长和金融科技水平的提升,对金融服务需求将产生爆发式的增长。未来金融服务需要重点关注数字化以及金融科技企业,与拥有资本和专业服务优势的传统金融机构的紧密协作。

国际物流:中国服务贸易下的运输项目进出口额多年排在前列,且呈现逆差状态。这一方面与中国巨大的货物贸易需求有关,另一方面也说明中国仍然依赖于国外的物流服务公司。现阶段,中国在充分利用国际物流服务贸易进口的同时,一方面可以借助其全球供应链,服务货物贸易进出口交易,另一方面也可以通过竞合机制和倒逼机制,不断提升中国自身的国际物流竞争力,改变国内运输结构不合理、枢纽布局不合理和连接力不够、物流行业"小散乱"等局面,实现供应链创新国家战略目标。

一大服务主题。中国国际进口博览会全球服务贸易进口集聚区应紧扣"服务进口,链接全球"这一主题,在当下复杂多变的国际形势中,通过中国国际进口博览会全球服务贸易进口集聚区的窗口,让全世界更加体会到一个 14 亿人口、更加开放的中国市场与来自全球的新技术、新服务深度交融的重要性。中国市场对于海外服务贸易的持续开放,不仅满足了中国人民日益增长的美好生活需求,增强了企业的竞争力,也让全球各国的服务商分享中国进一步改革开放的红利。

3.1.3 "三区联动"打造全球服务贸易进口集聚区

上海自贸试验区临港新片区(新片区)、虹桥商务区(商务区)和长三角生态绿色一体化发展示范区(示范区)在上海对外开放中分别发挥着不可替代的重要作用。通过"三区联动"建设中国国际进口博览会全球服务贸易进口集聚区,有利于上海尽快形成对外开放的新格局和新增长点。"三区联动"对加快建设中国国际进口博览会全球服务贸易进口集聚区的作用集中体现在拓展服务贸易创新发展的空间上,包括制度创新空间、业务发展空间和地域合作空间三个层面。

新片区——制度创新空间。自贸试验区对中国服务贸易创新发展发挥了重要作用。一些服务贸易的重大制度创新举措在自贸试验区率先推进。比如,负面清单明显缩短,从 2013 年的 190 条压缩到 2020 年的 30 条,并从上海自贸试验区推广到全国所有的自贸试验区。其中,最值得一提的是,自贸试验区在海关通关领域的制度创新大大提升了通关效率和商检效率,涉及服务的智慧化和数字化,具体举措包括自助通关、自行报税和自动审放等。这些制度创新深受服务贸易企业欢迎,大量中外资企业纷至沓来,自贸试验区服务贸易创新发展得以提速。

2018 年 10 月,在上海自贸试验区又建立了全国首个跨境服务贸易负面清单管理模式,探索对标国际的制度创新。新片区是自贸试验区的延续和发展,但不是简单的空间扩大、政策平移,而是在更高层次、更宽领域、以更大的力度推进全方位更高水平的对外开放。要实施具有较强国际市场竞争力的开放政策和制度,进行更大的风险压力测试。从经济形态来说,要建设一个更具国际市场影响力和竞争力的特殊经济功能区。正因为如此,中国国际进口博览会全球服务贸易进口集聚区为新片区的制度创新开拓了空间。例如,新片区可积极探索跨境服务贸易负面清单制度,以服务贸易扩大中国服务业对外开放,进一步在服务贸易自由化及便利化方面进行重点试验,提升服务贸易国际竞争力等。

商务区——业务发展空间。中国服务贸易与发达国家相比,还存在较大的提升空间,特别是在服务贸易结构、竞争力、市场占有率等方面。而这些又与中国服务贸易业务领域限制紧密相关。为此,中国需学习发达经济体的经验,进一步拓展服务贸易业务发展空间。商务区是中国国际进口博览会全球服务贸易进口集聚区的所在地,以此为基地进一步拓展中国服务贸易业务发展空间,包括以服务贸易为突破口放宽服务业外资准入限制和外资经营范围限制,以服务业竞争提升服务业水平,吸引全球更多服务贸易和服务业外资等。

示范区——地域合作空间。中国国际进口博览会全球服务贸易进口集聚区的发展不仅需要制度创新和业务拓展,而且需要地域合作。而示范区可以为中国国际进口博览会全球服务贸易进口集聚区发展提供地域合作空间,主要包括两个层面:一是国内合作空间。未来,中国国际进口博览会全球服务贸易进口集聚区将集聚全球大量的服务贸易,如此大的体量需要国内巨大的市场来消化。可以将进口的服务贸易在示范区内首先进行试验,然后再推广到整个长三角和全国范围。二是国际合作空间。深化服务贸易国际合作将进一步加快服务贸易创新发展。这包括区域合作层面和重点领域合作层面。例如,进一步加强与"一带一路"沿线国家和地区的合作,重点培育通信、会计咨询、金融、物流及会展等现代服务贸易领域,而这些合作是示范区未来重点发展的方向。

3.2 外资拉动模式

服务业外商直接投资(FDI)为自贸试验区服务贸易发展提供了动力。自贸试验区应充分利用全球服务业 FDI,吸引更多外资来促进中国服务业和服务贸易发展。

3.2.1　服务业 FDI 发展现状

1. 全球服务业 FDI

2015 年以来全球服务业 FDI 呈波浪式上升趋势。2008 年金融危机后，世界经济出现低速增长，投资和贸易都出现了大幅下降。在此背景下，全球服务业外资在世界范围内遭受严重影响。如图 3.1 所示，2009—2014 年，全球服务业 FDI 呈现小幅震荡前行态势。其中 2010 年、2012 年处于历史低谷，反映出金融危机爆发严重打击了投资者的信心。2015 年之后，随着各国不同程度地刺激投资，全球投资活动的活跃度增加，全球服务业 FDI 呈现出总体复苏上升的趋势。根据联合国贸易和发展会议(UNCTAD)的数据，2018 年，全球服务业 FDI 为 1.13 万亿美元，服务业占全球 FDI 比例为 51.57%。

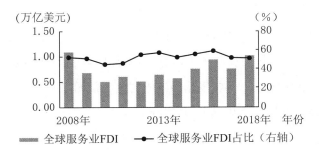

资料来源：根据联合国贸易和发展会议数据库的数据整理。由于无法直接获取全球服务业 FDI，此处全球服务业 FDI 为服务业绿地投资与跨境并购总和。

图 3.1　2008—2018 年全球服务业 FDI 及其占比

全球服务业的加快发展使得全球外资不断流向服务业。从 2008 年金融危机到现在，服务业在全球 FDI 中占比均大于 50%，在 2016 年达到 59.24%，可见，服务业在全球 FDI 中占主体地位。伴随着信息技术的迅猛发展，全球服务业水平迅速提升，与服务业相关的新经济新业态大量出现，服务业呈现出深化合作的态势。这促使全球 FDI 持续流向服务业。

受到新冠肺炎疫情影响,全球 FDI 将出现大幅下降,对服务业 FDI 争夺将愈发激烈。2020 年 3 月,联合国贸易和发展会议指出,新冠肺炎疫情对全球 FDI 的影响将远远超过 2008 年金融危机对全球 FDI 的影响。金融危机爆发后的 2009 年,全球 FDI 的降幅为 17%,而 2020 年全球 FDI 的降幅估计将达 40%,可能成为 21 世纪以来全球 FDI 降幅最大的一年。联合国贸易和发展会议这样认为的主要原因是:新冠肺炎疫情对所有发达国家和发展中国家都造成了冲击,且新冠肺炎疫情的冲击更为直接和巨大。很多投资项目被直接中断甚至撤销。严峻的事实是,新冠肺炎疫情对全球供应链和产业链产生了严重冲击或影响,且这种冲击或影响是中长期的。同时,联合国贸易和发展会议还认为,随着疫情的加剧,各国纷纷加强了对疫情的防控,主要涉及对贸易和人员流动的防控。这些举措都会对全球 FDI 产生较大的负面影响。此外,人们对全球主要经济体的经济增长预期愈发悲观,这也会对全球 FDI 产生较大的负面影响。联合国贸易和发展会议还对全球主要跨国公司进行了民意调查,结果显示,2020 年跨国公司普遍下调了 30% 以上的盈利预期,此情况在航空、汽车和基础材料等行业最为明显。

联合国贸易和发展会议还指出,发达经济体的盈利预期降幅远大于发展中国家。相较于 2019 年,2020 年发达经济体的盈利预期降幅为 25%,发展中国家的盈利预期降幅为 20%。事实上,新冠肺炎疫情对美国跨国公司打击更为严重,由美国跨国公司对全球产业链的高度依赖导致。2020 年美国跨国公司的盈利预期是 2019 年全年盈利的一半左右。联合国贸易和发展会议认为,新冠肺炎疫情对全球 FDI 的影响将由其持续时间和严重程度,以及各国的应对之策所最终决定。

在上述背景下,全球服务业 FDI 无疑也会受到拖累出现下降。各国对服务业 FDI 的争夺也将愈发激烈。

2. 中国服务业 FDI

中国服务业利用 FDI 金额呈稳步增长趋势。随着服务领域开放程度的加深,中国 FDI 的结构逐渐优化改善,服务业在全国 FDI 中占比不断扩大,成为中国吸引外商投资的主要产业。如图 3.2 所示,2008 年以来,中国服务业利用 FDI 的金额稳步增长,仅在 2011 年、2017 年出现下降趋势。根据国家统计局的数据,2018 年中国服务业 FDI 实际使用金额为 858.50 亿美元,服务业占全国 FDI 比例为 63.61%。

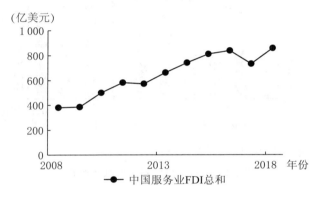

资料来源:2009—2019 年《中国统计年鉴》。

图 3.2　2008—2018 年中国服务业 FDI

传统引资部门对 FDI 吸引力相对减弱,金融、计算机等成为投资热点。2018 年,中国服务业利用 FDI 的主体行业按金额高低依次为房地产业,租赁和商务服务业,信息传输、计算机服务和软件业,批发和零售业,金融业,科学研究、技术服务和地质勘查业,交通运输、仓储和邮政业。传统引资部门如房地产对 FDI 吸引力相对减弱,金融业,信息传输、计算机服务和软件业,租赁和商务服务业利用 FDI 增速较快,成为吸引 FDI 的重要部门。

3. 上海服务业 FDI

服务业 FDI 增长迅速,服务业占 FDI 水平远高于全国水平。上海是中国最大的经济中心城市,服务业发展基础好,产业结构不断优化,服务业发展迅速。如图 3.3 所示,2008 年以来,上海服务业 FDI 总额稳步增长,且增长速度较快,近年来达到相对稳定的水平。服务业占上海 FDI 的比例也呈现稳步增长的态势。根据上海统计局的数据,2017 年上海服务业 FDI 合同项目达 3 848 个,合同金额为 383.96 亿美元,实到金额为 161.53 亿美元,服务业占上海 FDI 比例为 94.97%,远高于全国的服务业 FDI 占比水平。

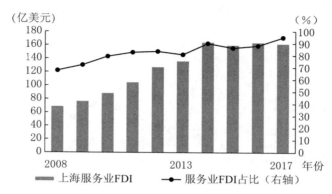

资料来源:2009—2018 年《上海统计年鉴》。

图 3.3 2008—2017 年上海服务业 FDI

上海 FDI 投资方式主要是中外合资、中外合作和外商独资。综合 2016—2022 年来看,上海 FDI 投资形成的合资企业占 17.31%,合作企业占 0.28%,独资企业占 78.46%。独资企业占了 FDI 投资形成企业的绝大多数,如表 3.1 所示。

表 3.1 2016—2020 年上海 FDI 投资方式情况

	2016 年	2017 年	2018 年	2019 年	2020 年	平均值
合资企业	15.92%	17.43%	19.57%	18.91%	14.70%	17.31%
合作企业	0.15%	0.93%	0.06%	0.10%	0.17%	0.28%
独资企业	82.27%	76.30%	75.79%	73.94%	83.98%	78.46%

资料来源:2017—2021 年《上海统计年鉴》。

3.2.2 上海服务业 FDI 与服务贸易创新发展

上海于 2019 年 8 月印发《上海市新一轮服务业扩大开放若干措施》,涵盖了

40 项具体开放措施。其主要内容包括七大板块、40 项内容,具体见专栏 3.1。

专栏 3.1

《上海市新一轮服务业扩大开放若干措施》主要内容

2019 年 8 月 7 日,上海市政府印发了《上海市新一轮服务业扩大开放若干措施》,共提出 40 项具体开放措施。主要内容包括七大板块 40 项内容:

进一步放宽服务业外资市场准入限制,打造国际一流营商环境。共 8 项,包括:进一步放宽外商在沪设立投资性公司的申请条件,降低对外国投资者资产总额的要求,取消对外国投资者已设立企业的数量要求;探索允许设立外商独资演出经纪机构,并在全国范围内提供服务;探索允许外商独资旅行社试点经营中国公民出境旅游业务(赴台除外);探索在特定园区及自贸试验区保税区内,允许外商有条件投资音像制品制作业务;探索允许自贸试验区内外资文物拍卖企业拍卖符合相关条件的艺术品;争取允许外商投资人体干细胞、基因诊断与治疗技术;对跨国公司地区总部中的连锁企业,试点实施全市范围内的"一照多址";切实保障外商投资企业依法享有国民待遇,外商投资企业的许可证及相关资质申请审核与内资一致等。

实施跨境服务贸易高水平对外开放,引领服务消费转型升级。共 6 项,包括:建立完善来沪就医清单管理机制,为境外人员赴上海市相关医疗机构就医提供出入境便利;支持上海邮轮口岸出境和进境免税店按照经营发展情况,增加销售商品品类和扩大经营规模;加大对境外旅客购物离境退税支持力度,探索扩大离境退税标的物范围,争取放宽退税代理机构资质条件;加快国际体育赛事之都建设,推动申办具有国际影响力的体育赛事;在特定展馆探索允许境外机构试点独立举办经济技术展览会;在国际贸易"单一窗口"增设服务贸易专区,积极拓展服务贸易出口退税功能等。

搭建开放型贸易便利化服务体系,提升国际贸易中心建设能级。共 5 项,包括:允许企业经资质备案,在未获得原厂授权情况下,申请二手车出口许可证;深入推进跨境电子商务综合试验区建设,允许跨境电商零售出口采取"清单核放、汇总统计"方式办理报关手续;创设上海CCC免办自我承诺便捷通道,实施"自我承诺、自助填报、自动获证"的便利化措施;延续固化首届进博会展品进出境贸易便利化支持措施;探索集装箱堆场的电子化监管,推进提还集装箱环节保险产品开发和推广等。

提升对全球创新资源的集聚能力,助力科技创新中心建设。共5项,包括:试点建设数字贸易交易促进平台,拓展与国际标准相接轨的数字版权确权、估价和交易流程服务功能;研究设立数字贸易跨境服务功能区,允许符合条件的境外数字贸易企业提供数字贸易增值服务;聚焦产业链关键核心环节、关键零部件环节,加大对跨国公司转让至境内的知识产权的保护力度;优化提升上海国际通信服务能力;探索建立生物医药研发企业研发用生物材料便捷通关常态工作机制,提升生物材料的通关便利化水平等。

强化现代航运服务业对外辐射能力,提升全球航运资源配置能力。共5项,包括:推进符合条件的外国船级社对自贸试验区内登记的国际航行船舶,实施法定检验和单一船级检验;推进符合条件的外国船级社等相关机构、企业,开展拖航检验及船运集装箱检验业务;探索开展"两头在外"航空器材包修转包区域流转试点,支持设立外商独资飞机维修企业;加强对"一带一路"国家和地区航权对等开放,积极申请机场空运整车进口口岸资质;推动航空类监管作业场所标准化建设,进一步提高电子运单比例,简化空运单证,不断提高空运进出口货物整体通关时效等。

推进更高水平的金融服务业对外开放,加快国际金融中心建设速度。共5项,包括:将合格境内机构投资者主体资格范围,扩大至境内外机构在我市发起设立的投资管理机构;大力发展绿色信贷,开展银行业存款类金融机构绿色信贷业绩评价;支持设立人民币跨境贸易融资和再融资服务体系,为跨境贸易提供人民币融资服务;支持扩大知识产权质押融资,探索推动无形资产融资租赁业务;加快大宗商品现货市场建设,支持金融机构为大宗商品现货提供相关金融服务等。

完善服务业国际化交流合作机制,构筑国际人才集聚高地。共 6 项,包括:探索缩短审批流程,精简审批材料,完善外国医师来华短期行医管理;探索允许具有港澳执业资格的规划等领域专业人才经备案后,为自贸试验区内企业提供专业服务;以正高级经济师评价试点为抓手,加快培育服务业领域专业技术人才;探索允许境外专业人才在自贸试验区参与我国相关职业资格考试,并在自贸试验区范围内执业;在国内律师事务所聘请外籍律师担任外国法律顾问的试点中,适当降低外籍律师相关资质要求;试点设立招收长三角外籍人士子女的外籍人员子女学校等。

1. 上海自贸试验区吸引服务业 FDI

自 2013 年上海自贸试验区设立以来,吸引了大量外资企业。截至 2019 年年底,上海自贸试验区共吸引外资金额高达 1 271 亿美元。其中,2018 年实际到达外资金额为 221.33 亿美元,2019 年实际到达外资金额为 318.16 亿美元。值得一提的是,上海自贸试验区 98% 外资项目采用备案制设立。

以临港新片区为例,自 2005 年到 2019 年 11 月,临港新片区共吸引外资 36 亿美元,实际到达外资累计金额为 14 亿美元,设立外资企业达 1 018 家。一大批国际跨国公司巨头纷纷入驻临港,包括特斯拉、奔驰、卡特彼勒和西门子等。值得一提的是,自 2019 年 8 月上海自贸试验区临港新片区方案公布以来,外资企业设立数量出现大幅增加,仅 2019 年 9 月和 10 月两个月,新增企业达 49 家,接近全年的一半。

伴随着上海自贸试验区负面清单(2018 年版)的推出,一大批全国首创项目在上海自贸试验区落地,主要涉及的领域包括认证机构、外资医院、教育培训等。进入 2019 年,上海自贸试验区又继续扩大了开放领域,首创项目落地增加到 54 个。截至 2019 年年底,54 个开放措施已经落地 33 个,落地企业数量近

3 200家。

在服务业FDI方面,2019年以来上海自贸试验区在服务业领域进一步加大了开放力度,主要领域包括:演出经纪业、增值电信业、船舶管理业、人才中介业等。在2019年新设的314家服务企业中,包括5家演出经纪公司、1家船舶管理公司、2家旅行服务公司、6家电信增值公司等。

在服务业细分行业方面,以航运服务业为例,上海自贸试验区自允许外商独资设立船舶管理公司以来,外资船舶管理公司纷至沓来,在上海自贸试验区形成了外资船舶管理公司集聚发展的局面。与此同时,国际船舶代理业务也同时得到了不断的拓展,这主要受益于政策的支持。例如,上海自贸试验区负面清单(2018年版)就取消了外资投资的国际船舶代理业务的股比限制。在此新政的促使下,首家独资的国际船舶代理公司——伟朋特(上海)国际船舶代理有限公司在上海自贸试验区设立。伟朋特(上海)国际船舶代理有限公司的母公司为一家国际知名专业船舶服务公司,在世界各地的主要港口均有服务代理权。此外,为吸引更多外资船舶代理公司来到上海自贸试验区,2019年版外资负面清单中已经取消对国内船舶代理中方控股的服比限制。建设上海国际航运中心是上海五个中心建设的重要内容之一,上海自贸试验区积极对接上海国际航运中心的建设,通过不断完善航运中心体系功能,提升上海航运产业的集聚效应。

2. 上海自贸试验区利用服务业FDI创新发展服务贸易

在《新一轮服务业扩大开放若干措施》中,服务业FDI领域的市场准入限制得到了进一步的放宽,涉及的重要举措包括:发展数字贸易、提升贸易便利化、进一步开放金融服务业和现代船舶服务业等。其中,很多开放领域都是在上海自贸试验区先行先试。特别是服务贸易领域,包括教育、医疗、金融和电信等。

在吸引服务业FDI创新发展服务贸易方面,上海自贸试验区还采取了多项措施促进人才流动。这些措施主要包括:积极探索来沪就医清单管理制度、允许国外高端人才为自贸试验区企业服务,尝试境外人才参加国内资格考试并执业等。其中,创新的举措还包括:简化审批流程,放宽境外人才在沪就业限制,允许专业人才备案后在自贸试验区为企业服务等。

3.3　服务外包模式

按照地域划分,服务外包可以分为离岸服务外包和境内服务外包。离岸服务外包是服务贸易的一种跨境提供方式。因此,大力发展离岸服务外包能有效提升服务贸易,目前已经成为各国发展服务贸易的重要手段。为此,本书试图通过在上海自贸试验区建立服务外包模式来促进服务贸易的创新发展。

上海自贸试验区为促进中国服务外包产业创新发展提供了一个重要载体,为加快中国服务外包发展提供了一个新的平台,主要内容详见专栏 3.2。

专栏 3.2

上海自贸试验区创新发展服务外包的主要内容

上海自贸试验区为促进中国服务外包产业创新发展提供了一个重要平台,开创中国服务外包新格局,主要体现在:

一是为发展离岸服务外包提供良好的营商环境,大大增强境外发包商对中国发包的信心。

二是上海自贸试验区明确要扩大服务业开放,在金融服务、航运服务、商贸服务、专业服务、文化服务以及社会服务领域扩大开放,暂停或取消投资者资质要求、股比限制、经营范围限制等准入限制措施,营造有利于各类投资者平等准入的市场环境。

三是推进贸易方式的转变将全方位促进服务外包的发展。跨国公司总部的集聚将会带动服务外包发展,跨国公司总部的迁移会带动多个与其有紧密业务联系的服务外包企业随之迁移。

四是通过自贸试验区内的跨国公司总部集聚效应,将有效打通国内服务外包企业与发包企业的信息沟通渠道,提升接单质量和盈利水平。

五是金融改革创新和贸易投资便利化促进服务外包企业走出去。境内企业通过海外融资渠道,以接近国际市场的汇率,降低财务成本,有利于服务外包企业境外资本化扩张。同时,对境外投资开办企业实行以备案制为主的管理方式,有助于企业及时进行海外并购。

数据显示,在离岸服务外包业务中,至少有三分之一的成本来自研发设备,而这些设备大多需要进口来满足企业研发需求。进口这些研发设备需要缴纳较高的关税,因而大幅提高了企业的成本。针对这一现象,上海率先在自贸试验区内进行"离岸服务外包全程保税监管制度"政策试点,即在上海自贸试验区内从事离岸服务外包的企业,对由境外发包提供的免费研发设备实行保税监管,减免企业关税,降低企业成本。这一政策实施后,深受离岸服务外包企业欢迎,因为其一方面可以缓解这些企业的现金压力,使企业承接更多的离岸服务外包;另一方面,采用保税监管模式免征研发设备关税,可以大幅降低离岸服务外包企业成本,使得这些企业在离岸服务外包领域更具有国际竞争力。专栏3.3为上海海关在上海自贸试验区实施"离岸服务外包全程保税监管制度"的主要内容。

第 4 章
上海自贸试验区服务贸易创新发展的税收政策

上海自贸试验区服务贸易的创新发展需要相关政策支持,而建立具有国际竞争力的税收政策是其中的重中之重。目前,与自贸试验区(自由贸易港)相关的、最具国际竞争力的税收政策就是上海自贸试验区临港新片区税收政策和海南自由贸易港税收政策。上海自贸试验区临港新片区税收政策是 2019 年 8 月《中国(上海)自由贸易试验区临港新片区总体方案》推出的,海南自由贸易港税收政策是 2020 年 6 月《海南自由贸易港建设总体方案》推出的。它们的共同点都是推出了一系列具有突破性的税收政策措施。本章将在分析上海自贸试验区临港新片区税收政策和海南自由贸易港税收政策的基础上,对上海自贸试验区服务贸易创新发展的税收政策进行探索。

4.1 临港新片区的税收新政

2019 年 8 月国务院印发《中国(上海)自由贸易试验区临港新片区总体方案》(简称《临港新片区总体方案》),该方案推出了税制安排的四项重点举措。

4.1.1　企业所得税税率

《临港新片区总体方案》明确指出,在上海自贸试验区临港新片区内从事关键领域核心环节的企业(主要包括人工智能、生物医药、集成电路和民用航空等),自设立之日起 5 年内减按 15％税率征收企业所得税。

在此政策出台之前,可享受 15％企业所得税优惠税率的企业主要包括高新技术企业、集成电路生产企业、先进技术企业、污染防治企业,以及针对国家扶持发展的部分地区(如西部大开发地区、横琴、前海、平潭等)的鼓励类企业。值得一提的是,对于高新技术企业、先进技术企业等,企业申请此类资质需要一定门槛以及大量准备工作,此次在自贸试验区临港新片区内指定特定行业领域提供优惠税率,将显著扩大可享受的企业范围,有利于高新技术的培育,产生辐射带动效应,进而形成区域联动发展的效应。

4.1.2　境外人才个税补贴

《临港新片区总体方案》提出,新片区将研究实施境外人才个人所得税税负差额补贴政策。该政策旨在吸引境外高端人才,预计政策的实施(如人才认定、补贴办法等)可能会借鉴粤港澳大湾区 9 个城市的个人所得税补贴政策。考虑到财政补贴由地方财政提供,上海个税补贴落地政策的力度会与大湾区相同,还是会超过大湾区政策力度,还有待观察。此前,在粤港澳大湾区工作的境外高端人才,其缴纳的个人所得税超过 15％的部分由粤港澳大湾区 9 个城市政府进行补贴,且该补贴免征个人所得税。举例来说,按照目前相关规定,一位年薪 100 万元的高端人才,原本需缴纳 45 万元个人所得税。而按照粤港澳大湾区上述新政策,45 万元中高于 100 万元的 15％(即 15 万元)的部分,即 30 万元,将全部由大湾区 9 个城市的市政府补贴给个人。

4.1.3 物理围网区域特殊税收政策

《临港新片区总体方案》提出,货物或者服务进入新片区物理围网区域内,这些货物或服务享受特殊的税收政策。

从具体税收政策上看,一是物理围网区域内很可能适用现有特殊区域税收政策,进入特殊区域的货物实行保税或退税处理;二是物理围网区域内企业之间的货物交易,很可能适用现有特殊区域内企业之间货物交易免税政策;三是新片区物理围网区域内,企业提供的服务可能有特殊的税收政策,这也与海关特殊监管区域政策创新趋势的展望一致。

4.1.4 服务出口增值税政策

《临港新片区总体方案》提出,新片区将扩大服务出口增值税政策适用的范围。这意味着,新片区内企业向境外提供服务将享受特殊税收政策,适用零税率的范围较以往更大。特别是,某些符合政策扶持的特定行业会直接受益,如金融服务业等。

目前,关于跨境投资与离岸业务方面的税收政策还不明确,因此,若能在新片区有所突破,将为上海打造总部经济提供有力的支持,为全国推广政策起到良好的引领作用。

4.2 海南自由贸易港税收政策

《海南自由贸易港建设总体方案》推出了一系列具有突破性的税收政策措

施。从时间维度看,这些政策措施按照至 2025 年、至 2035 年两个时间段分别实施。从内容维度看,这些政策措施以建立特殊的税收制度安排为目标,紧紧围绕实现贸易投资自由化便利化这"一个重点",倾力服务促进生产要素流动和发展现代产业体系这"两个支撑",加快推动形成具有国际竞争力的开放政策和制度。

4.2.1 至 2025 年实施的税收政策

第一,实行特殊的税收制度安排。税制的完善在海南自由贸易港税收制度体系中位居核心,且与自由贸易港建设全过程密切相关,具体分为至 2025 年的第一阶段和至 2035 年的第二阶段,共两个部分。通过这两个部分的推进和完善,使得海南自由贸易港税收政策成为自由贸易港制度体系中重要的一环;而其他税收政策基本属于阶段性措施。2025 年之前特殊的税收制度安排包括 3 项内容:

(1)企业所得税优惠政策。在海南自由贸易港内注册且实质性运营的鼓励类产业减按 15% 征收企业所得税。值得一提的是,"实质性运营"的要求是非常必要的,因为这一方面可以集聚相关鼓励性企业在海南自由贸易港的集聚,又能防止空壳企业的不当套利,干扰税收秩序。

(2)降低个人所得税实际税负。建设海南自由贸易港是国家的重大战略,必须举全国之力、聚四方之才。为了吸引人才、留住人才,对高端人才进行清单管理,对于他们个人所得税高于 15% 的部分实行免征。

(3)简并税种、征收销售税。海南自由贸易港实行全岛封关运行,要求将原来的所有税种,如增值税、车辆购置税、消费税、教育费附加及城市维护建设税等进行简并,启动在货物和服务零售环节征收销售税。

第二,促进贸易投资自由化便利化。贸易和投资自由化便利化是海南自由贸易港制度体系的重点,在这方面,税收政策聚焦对货物贸易实行以"零关税"为基本特征的制度安排,在清单范围内的商品或服务免征关税、进口环节增值税和消费税。具体包括 4 项政策措施：

（1）对生产设备。对企业进口自用的生产设备实行免征关税的负面清单管理（国家禁止进口的商品或法律法规明确不予免税的除外）。

（2）交通工具。对海南自由贸易港内的进口交通工具（用于交通运输、航空器、旅游业的船舶等营运）实行免征关税的正面清单管理。

（3）对原辅材料。在海南自由贸易港内用于生产自用或者"两头在外"加工的原辅料，实行免征关税的正面清单管理。

（4）对居民消费品。海南自由贸易港岛内居民消费的进境商品采用正面清单管理，免征进口关税。

海南自由贸易港将在具备条件的海关特殊监管区域（如洋浦保税港区）实行进出口管理制度，即"一线放开、二线管住"，待到条件成熟，启动全岛封关运作。届时，在海南自由贸易港与境外其他国家和地区之间设立"一线"，对进口征税商品目录外的货物进入自由贸易港免征进口关税。在海南自由贸易港与境内其他地区之间设立"二线"，即普通商品或服务由海南自由贸易港进入境内其他地区征收关税和进口环节税。

第三，推动生产要素自由有序、安全便捷的流动。建设海南自由贸易港的一个重要支撑，是下大力气破除影响资金、人员、数据等生产要素流动的体制机制障碍，引导全球高端生产要素在海南集聚、配置、融合。这方面主要有 4 项优惠政策：

（1）在风险可控和有效监管的情形下，中国建造的船只从事国际运输只需在"中国洋浦港"登记，即视同出口，并给予出口退税。

（2）境内船舶从事内外贸运输的，如经过洋浦港进行中转，可以加注保税油（本航次所需），并对加注的本地生产燃料油（本航次所需）进行出口退税。

（3）对符合条件的经洋浦港中转离境的集装箱货物，试行启运港退税政策。

（4）允许海南进出岛航班加注保税航油。

第四，支持发展现代产业。海南自由贸易港将聚焦现代产业体系，重点发展旅游业、现代服务业和高新技术产业。产业结构的差异化定位,有利于海南和同处亚太区域的中国香港、新加坡等开展错位竞争、形成优势互补。这方面有四项优惠政策:

(1) 将在海南自由贸易港举办中国国际消费品博览会,展会期间的境外展品(进口和销售)将享受免税政策。

(2) 海南自由贸易港继续延续离岛免税政策,额度扩大为每年 10 万元/人,同时进一步扩大免税商品种类范围。

(3) 对符合政策导向的产业,即旅游业、现代服务业和高新技术产业等,企业 2025 年前新增境外直接投资所得,免征企业所得税。

(4) 企业如有资本性支出,对符合条件的企业,可以允许其在支出发生当期一次性税前扣除或加速折旧或摊销。

4.2.2 至 2035 年实施的税收政策

进入第二阶段,即 2025—2035 年,海南自由贸易港将在第一阶段税收改革的基础上继续推进税收领域改革。具体包括三项内容:

第一,企业所得税优惠将继续推进。在海南自由贸易港内注册且实质性运营的企业,企业所得税将按 15% 征收。与 2025 年前政策的区别是,前一阶段实行的是正面清单,这一阶段实行的是负面清单,享受优惠税率的企业范围更大。

第二,深化个人所得税改革。对一个纳税年度内在海南自由贸易港居住满足 183 天的个人,其在海南自由贸易港内的经营所得和综合所得,将按照三档超额累进税率(3%、10%、15%)征收个人所得税。不难发现,与 2025 年前政策的区别是实施对象不同(第一阶段对象是高端紧缺人才的个人所得税实际税负超过 15% 的予以免征,第二阶段是符合条件的所有纳税人按照三档超额累进税率征收)。可见,第二阶段优惠范围更宽、优惠力度更大。

第三,进一步扩大海南地方税管理权限。其中,所得税(企业所得税和个人所得税)作为中央和地方共享收入,销售税和其他国内税种作为海南地方收入。与第一阶段税收政策相比,进一步扩大了地方税收的收入范围,增加了海南自由贸易港的财政收入。

4.3　探索离岸贸易创新发展的税收政策

从前文分析可见,上海自贸试验区临港新片区和海南自由贸易港的税收新政优惠力度极大,但是只适合在临港新片区的关键核心行业或海南自由贸易港,并不针对服务贸易领域。上海自贸试验区要创新发展服务贸易,设计具有国际竞争力的税收政策尤为关键。特别是,服务贸易中有相当一部分是离岸贸易。目前,中国还没有针对离岸贸易的税收政策,上海自贸试验区可以将离岸贸易作为试点,设计具有国际竞争力的税收政策,然后再复制推广到整个服务贸易领域。

4.3.1　离岸贸易概念

由于各国在资源禀赋方面存在巨大差异,导致各国存在着国际贸易的比较优势。而正是因为各国比较优势的存在,各国在劳动力、物流和税收制度等方面存在较大差异,这成为各国开展离岸贸易的基础和动力。对企业而言,开展离岸贸易可以大幅降低企业经营成本,便于企业在全球范围内配置资源。尤其对于跨国公司而言,此方面的优势更加明显。企业是经济运行的主体,单个企业经营效率的提升会导致整个经济运行效率的提升,最终有利于整个社会经济的高效运行。

离岸贸易的基本概念可以简单描述为:贸易商家海外组织货源,并与海外货物进口商和海外货物出口商签订合同,将货物直接从海外货物出口商卖给货物进口商,货物无需经过贸易商所在国。与传统国际贸易相比,离岸贸易呈现出货物流、订单流和资金流的相互分离,而贸易商及贸易商所在国(地区)是货物流、订单流和资金流的最终控制者或控制中心,如图 4.1 所示。

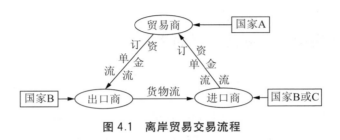

图 4.1　离岸贸易交易流程

4.3.2　上海离岸贸易税制的国际比较与上海现状

本书选取在离岸贸易方面具有代表性的新加坡和中国香港为例,对它们发展离岸贸易的税种和税率进行比较研究。与新加坡和中国香港相比,上海的税收水平明显偏高,如表 4.1 所示。

表 4.1　离岸贸易涉及的税种及税率比较

税　种	新加坡	中国香港	上　海
企业所得税	0 或 10%	0	25%
间接税(流转税)	0	未开征	增值税 13%、9%、6%

资料来源:国际货币基金组织报告。

在企业所得税方面,中国香港的企业所得税税率是 16.5%,但是对于离岸贸易不征收企业所得税;新加坡对离岸服务贸易的企业所得税减免征收,对于离岸货物贸易的企业给予 10% 的优惠税率。就上海而言,上海对离岸贸易没有任何税收优惠,企业所得税按照 25% 税率征收。

在间接税方面,中国香港并没有征收间接税;新加坡对于提供跨境服务或者金融服务的货劳税税率(类似中国的增值税)是零。就上海而言,贸易企业间接税主要是增值税,企业当前的增值税是 13％、9％、6％三档税率。

2013 年的《中国(上海)自由贸易试验区总体方案》在税收方面的优惠极为有限,在企业所得税方面没有任何变化。而《临港新片区总体方案》推出的企业所得税的税收优惠政策仅针对临港新片区关键领域核心环节生产研发的企业,与服务贸易关系不大。

中国建立自贸试验区的初衷是探索制度创新,并在全国进行复制推广,所以在税收政策方面给予自贸试验区的优惠力度不大。但是就国际惯例而言,在某些特殊领域如离岸贸易,设计具有国际竞争力的税收制度是很有必要的。因为具有国际竞争力的税收制度是开展离岸贸易的前提。对跨国公司而言,开展离岸贸易是降低经营成本,在全球范围内配置资源。如果税收过高或不具有国际竞争力,跨国公司就选择税收优惠的国家或地区开展离岸贸易活动。目前,上海的离岸贸易税收明显高于中国香港和新加坡,因此,有必要设计具有国际竞争力的离岸贸易税收政策。

4.3.3　探索上海自贸试验区离岸贸易税收政策

从理论而言,贸易结算中心可以设在全球任何地方。事实上,贸易结算中心只对设立所在地的营商环境有要求。上海在打造全球营商环境方面持续推出了"1.0 版"、"2.0 版"和"3.0 版",营商环境持续得到改善。上海在吸引离岸贸易方面,只有税收政策一项短板,如果能在这一短板方面有所突破,必将吸引全球离岸贸易服务商大量进入上海开展离岸贸易业务,使上海的离岸贸易得到迅猛发展。为此,上海自贸试验区离岸贸易税收政策设计如下:

离岸贸易税种:单一直接税。全球的离岸贸易税收政策有一些共同点,其中税种少和税率低是最为重要的共同点。为此,上海自贸试验区离岸贸易只设计单一直接税,即企业所得税,其他所有税种(如增值税、资本利得税、股息预扣税、利息预扣税等)都不予征收,并且取消了离岸贸易的印花税。

离岸贸易税率:单一所得税率。在税率方面,上海自贸试验区离岸贸易必须设计具有国际竞争力的税率。要保证上海自贸试验区离岸贸易税率不高于周边国家和地区的离岸贸易税率。对标中国香港和新加坡,上海自贸试验区的离岸贸易税率设计为15%较为合理。

全球的实践经验表明,为了发展离岸贸易,制定具有竞争力的税收制度是关键。目前与全球离岸贸易发达的国家或地区相比,上海在离岸贸易税收政策方面不具有优势,而以上海自贸试验区作为改革先行先试,可以加快离岸贸易业务发展,同时也为服务贸易创新发展在税制上进行积极探索。

第5章
上海自贸试验区服务贸易创新发展的实证研究
——以航运贸易为例

5.1 引言及文献综述

关于自贸试验区设立对航运贸易影响的研究以定性分析占多数。沈国兵（2013）从行业企业层面定性分析，指出自贸试验区对物流的显著集聚效应，极大地增长了航运货源，有利于巩固和提升自贸试验区所在地区货运枢纽港的地位。杨燕（2016）从机遇和挑战两个方面分析了上海自贸试验区对南通港口航运业的影响。Lei(2018)认为中国的自由贸易区战略及其网络不仅有助于中国获得经济利益，也有助于中国获得地缘政治利益。

近年来，自贸试验区设立对航运贸易影响相关的计量研究逐渐增多。陈乔和程成（2019）建立固定效应、混合效应、随机效应模型实证分析了中国—东盟自由贸易区对中国进口贸易的促进作用正在逐年减弱，对出口的促进作业正逐年增强；Hsiao 等（2012）基于利用横截面单元间地依赖关系来构造反事实地思想，提出了一种基于面板数据评估社会政策影响的方法，并用 24 个国家的小组来评估中国香港与内地一体化对香港经济的影响；Min 和 Peng(2015)提出一种允许不可观测潜在因素影响改变横截面的方法,并用此研究 2008 年中国经济刺激计划的宏观经济效益;屈韬等(2018)应用面板数据模型实证分析了自贸试验区营商环境变化对 FDI 区位选择的影响。

许多学者也将该方法应用于自贸试验区对经济的计量研究中。叶修群(2018)以上海、天津、福建和广东的自贸试验区 2003—2016 年的省级面板数据为依据,首先利用双重差分分析法验证自贸试验区显著提高了地区 GDP 的增长率,又利用反事实分析法检验了其增长效应的地区异质性;张军等(2018)按时间顺序,仍以上海、广东、天津、福建 4 个自贸试验区为对象,建立多期双重差分模型,证明自贸试验区设立对地区经济的增长具有促进作用,其经济增长效益随自贸试验区的数量和时间的增长而呈现出 U 形态势。

但是双重差分法同其他方法一样,存在着缺点——样本选择出现偏误、不能充分排除政策内生性。考虑到该问题,黄启才(2018)以上海自贸试验区为对象,运用合成控制法,通过数据驱动的方式对多个政策控制组对象进行赋值,得到一个政策试点前拟合最优的合成控制对象,再将构造出来的这个"反事实"对象与真实的上海情况进行对比分析。通过稳健性检验证明,上海自贸试验区政策对上海吸引 FDI 具有促进作用。刘秉镰、吕程(2018)也运用合成控制法,实证研究上海自贸试验区设立对上海市创新水平的影响效益。

总的来说,国外学者对自贸区的研究起步较早,由于中国建立自贸试验区的时间相对较短,所以国内相关实证研究较少。中国关于自贸试验区的已有研究集中于政策制度、风险管理、战略融合、经济效益等问题上,为自贸试验区的设立提供了理论依据,并有效指导了各地自贸试验区的设立。由于上海自贸试验区是中国建立的第一个自贸试验区,所以国内关于自贸试验区的实证研究则较多集中在上海自贸试验区。但是,关于上海自贸试验区设立对地区航运贸易影响的研究较少,主要研究在其对地区经济的整体影响。航运贸易属于服务贸易的一部分。为此,本章在已有研究基础上,选择能评价地区航运贸易发展情况的 6 个指标,利用 2009—2017 各年度的省级面板数据,以上海为实验(干预)组,选择河北省、江苏省、山东省作为对照组,建立双重差分模型,实证分析自贸试验区的设立对地区航运贸易的影响,为上海自贸试验区服务贸易创新发展提供实证检验。

5.2　自贸试验区与航运贸易的相互关系分析

5.2.1　航运贸易的概念界定

相关学者关于"航运贸易"的研究及说法甚少,这里借鉴了关于"海运服务贸易"的相关概念及研究。

从国际服务贸易角度,尤其是从《服务贸易总协定》中对服务贸易的定义来看,海运服务贸易的范围包括海上客货运输服务、海运辅助服务、港口服务和其他海运服务。海洋服务贸易构成了完整的海洋运输产业链,保证了海洋运输的安全和高效。海运服务贸易范围的具体内容如表 5.1 所示。

表 5.1　海运服务贸易范围的具体内容

海运服务贸易	具 体 内 容
海上客货运输服务	海上货物运输和旅客运输服务
海运辅助服务	如海关结关证服务、货运代理服务、仓储服务、货物装卸服务等
港口服务	如在国际或者国内的港口,船舶会受到领航服务以及牵引船舶辅助服务,同时还有食品、燃料和淡水供应服务,垃圾收集和废水处理服务等
其他海运服务	如船舶修理与维护服务、租船服务、海滩救助服务以及船舶搁浅救助服务等

可见,海运服务贸易是指企业使用船舶等运输工具,通过海上航线进行运输货物或者人员,并从中获利的运输服务总称。换言之,海运服务贸易是由于货物或人员流动引起的服务贸易。它与其他服务贸易活动一样,有四种供给方式,如表 5.2 所示。

表 5.2　海运服务贸易的四种供给方式

供给方式	含　　义
跨境支付方式	一国境内到另一国境内提供服务,此服务不构成人员、物资的流动,而是通过电信、邮电、计算机网络实现的服务,如海运服务贸易中的国际货代服务
境外消费方式	从一国境内向另一国境内的服务消费者提供服务,如海运服务贸易中的国际领航服务、岸上船只补给服务和提供泊位服务等
商业存在方式	一国的服务提供者通过另一国境内的商业存在提供服务,即允许一国的企业或经济实体到另一国开业,提供服务。在海运服务贸易中,一国航运公司在另一国设立办事处,或设立合资船运公司等活动就是商业存在服务供给的表现形式。这也是服务贸易的主要方式
自然人流动方式	一国的服务提供者通过另一国境内的自然人存在提供服务。如在国际贸易中,一国的船舶维修专家为另一国提供修船服务租赁等服务活动就是其表现形式

5.2.2　自贸试验区对航运贸易的促进发展

国际航运业的快速发展很大程度上得益于国际贸易量的大幅增加,在现有的国际贸易构成中有 90% 的国际贸易量是通过海运。与此同时,航运一方面充分带动了造船业以及国防、教育、金融等相关行业的发展,另一方面又提升了国际贸易的共同发展。对中国而言更是如此,其八成的进出口量都通过海运完成。

随着自贸试验区的设立和发展,中国航运迎来了很大的机遇。上海自贸试验区的设立给航运业的低迷状况带来了一定程度的改善。转口贸易量有了很大的增加。从物流的角度来看,它大幅度地提高了周围港口的吞吐量。并且,建立自贸试验区有利于升级港口产业。一方面,它带动了生产制造的货物贸易和中国的自主研发;另一方面,它也促进了港口产业链的延伸和拓展。港航业开始愈发关注自贸试验区与港口和航运的关联度,通过自贸试验区的制度创新实现中国港口和航运产业转型升级和高度开放。

积极引导区内产业结构优化升级、扩大自贸试验区建设的区域示范溢出效应将是未来自贸试验区的重要发展方向。所以,其发展促进了国际航运中心的建设和发展,因为自贸试验区政策、税收、国际航运融资等优惠政策将吸引更多的中国国际航运要素回归国内。自贸试验区为航运企业的发展带来了创新效应,如自贸试验区创新平台下的聚集效应、政策推进下的制度分红效应以及航运创新带来的溢出效应。

5.3　上海港航运贸易发展规模及现状

沿海港口更容易通过海上运输与其他国家进行交流,同时港口又是国家与海外重要的货物进出口枢纽。上海港凭借优越的地理位置优势逐步成为中国大宗货物贸易、进出口运输重要通道的重要中转枢纽点,能够起到兼顾内外双向辐射的积极作用。中国从现状情况出发,提出建设上海国际航运中心的规划,上海港凭借其特有的地理优势以及国家政策的辅助迅速发展。上海港范围较广阔,能够覆盖到众多岛屿、河流沿岸地区以及上海内河港区与洋山港区。

近年来,上海港依靠多种优势稳步发展,特别是港口集装箱吞吐量快速提升。上海港 2018 年吞吐量为 73 050 万吨。2019 年,上海港口吞吐量为 66 351 万吨,位列中国港口吞吐量第二位。2019 年,上海港集装箱吞吐量达到 4 330.3 万标准箱、连续 10 年世界第一。上海港的快速发展能够反映出中国海上进出口贸易的稳步提升,集装箱与货物吞吐量的增长也代表着海上集装箱运输的蓬勃发展。港口内所拥有的集疏运设施正是为了将货物与集装箱运送到指定位置,公路运输及铁路运输等所需要依靠的多种中转方式都与进出口贸易程度息息相关。换句话说,港口贸易的运输离不开港区集疏运设施,因此上海港的集疏运体系也会由于集装箱数量的急速增长面临不小的挑战。自贸试验区的设立也会带动上海港及周边港口货物吞吐量的进一步提升。上海港所面临的集疏运设施的落后与集装箱数量的迅猛增长间的矛盾会逐渐成为一个新的挑战,而在面临这个困难时,上海港发展水水中转似乎是有效的,这也表明水水中转的运输方式是上海港未来的发展趋势。表 5.3 与表 5.4 为 2017—2019 年港口货物吞吐量完成情况与集装箱吞吐量完成情况。

表 5.3　上海港口货物吞吐量完成情况(单位:万吨)

年　份	2017 年	2018 年	2019 年
全港货物吞吐量	70 176.6	75 050.8	76 152.3
按港区分:海港	64 481.6	70 541.6	73 462.2
内河港	5 694.9	4 509.2	4 932.5
按进出港分:进港	40 295	43 314.6	45 623.5
其中:外贸	20 256.2	22 133	24 856
出港	29 881.6	31 736.2	33 564.3
其中:外贸	17 756.1	18 909.7	19 809.5
按内外贸分:内贸	32 164.3	34 008.1	36 158.2
外贸	38 012.3	41 042.7	45 236.5

资料来源:中国港口统计年鉴、航运数据网。

表 5.4　上海港口集装箱吞吐量完成情况(单位:万 TEU)

年　份	2017 年	2018 年	2019 年
全港集装箱吞吐量	3 713.3	4 023.3	4 330.3
其中:洋山深水港区	1 561.6	1 655.2	1 787.3
按航线分:国际出港	1 392.8	1 507.7	1 756.5
其中:重箱	1 367.5	1 480.3	1 532.8
国际进港	1 306.5	1 397.5	1 456.2
其中:重箱	639.3	709.4	813.5
内支线	489.5	512.9	568.4
内贸线	524.5	605.3	698.3

资料来源:中国港口统计年鉴、航运数据网。

5.4　模型及数据设计

5.4.1　模型设定

本章采用双重差分模型对自贸试验区的设立对地区对外贸易的效应进行实证研究。根据双重差分模型的原理,建立实证研究模型如下:

$$Trade_{ix} = \mu_0 + \mu_1 * du_i + \mu_2 * dt_i + \mu_3 * dt_i * du_i + \mu_4 * X_{it} + \varepsilon_{it} \quad (5.1)$$

其中:

$Trade_{ix}$——自贸试验区所在的 x 省(市)i 时间段进出口;μ_0 是常数项;dt_i,du_i——虚拟变量,dt_i 为时间虚拟变量,考虑设立情况,设立前 $dt_i = 0$,设立后 $dt_i = 1$;du_i 为政策虚拟变量,未设立自贸试验区的省市 $du_i = 0$,即对照组 $du_i = 0$,设立自贸试验区的省市 $du_i = 1$,即干预组 $du_i = 1$;X_{it}——控制变量,如 GDP、固定资产投资等;ε_{it}——残差。

对本章的研究对象,可以根据上述模型作如下分析:

(1)在干预组中,自贸试验区的设立前后的进出口模型情况如下:

自贸试验区设立前:

$$Trade_{01} = \mu_0 + \mu_2 + \mu_4 * X_{it} + \varepsilon_{it}(dt_i = 1,\ du_i = 0) \quad (5.2)$$

自贸试验区设立后:

$$Trade_{11} = \mu_0 + \mu_1 + \mu_2 + \mu_3 + \mu_4 * X_{it} + \varepsilon_{it}(dt_i = 1,\ du_i = 0) \quad (5.3)$$

将干预组的一阶差分记为:

$$T_1 = Trade_{11} - Trade_{01} = \mu_1 + \mu_3 \quad (5.4)$$

(2)在对照组中,自贸试验区的设立前后的进出口模型情况如下:

自贸试验区设立前：

$$Trade_{00} = \mu_0 + \mu_4 * X_{it} + \varepsilon_{it} (dt_i = 0, du_i = 0) \qquad (5.5)$$

自贸试验区设立后：

$$Trade_{10} = \mu_0 + \mu_1 + \mu_4 * X_{it} + \varepsilon_{it} (dt_i = 0, du_i = 1) \qquad (5.6)$$

将对照组的一阶差分记为：

$$T_2 = Trade_{10} - Trade_{00} = \mu_1 。 \qquad (5.7)$$

（3）接着将上述两个一阶差分进行二重差分，可以得到二重差分 $T_3 = \mu_3$；它反映了不受其他因素干扰，只考虑单一因素的影响值的情况。根据现有文献研究，预期自贸试验区的设立会对航运贸易产生显著的积极影响，预期 μ_3 的系数应该为正，以此来表示自贸试验区设立的影响。

5.4.2 变量说明

1. 研究对象的选取

本章设置的干预为上面分析过的上海自贸试验区。由于上海自贸试验区地处东部沿海地区且经济贸易发达，一方面，为了减少样本的差异性，并且满足双重差分模型的条件；另一方面，江苏、山东、河北三个省份的航运贸易发展都具有一定的特点以及不同类型的代表性。山东省拥有青岛港、日照港、烟台港以及其他十余座港口，具有较好的航运贸易基础，另外航运所带动的地方经济发展也是有目共睹的；江苏省拥有南京港、苏州港等 10 座港口，对于发展航运贸易也是具有积极的作用；河北省拥有秦皇岛港、唐山港等，同时优越的地理位置优势，使得河北省的航运贸易不断得到提升。所以，本节选择了同样位于东部沿海区域的河北省、江苏省和山东省作为对照组，这样与干预组的上海形成对应，研究结果更加可靠。由于各国经济贸易在不同程度上受到了 2008 年金融危机的影响，所以本节的研究数据从 2009 年开始，止于 2018 年。基于样本数据数量、时间长度等因素的考虑,本章选择了以上 4 个省市 2009—2018 年的季度数据进行研究分析,数据来源于各省市的统计年鉴。

2. 模型变量的解释

由于并没有直接的指标可以反映一个地区的航运贸易情况,所以本章对航运贸易进行了延伸,将该地区的航运贸易现状扩展为该地区的对外贸易发展水平,由被解释变量——各省市的进出口总额($TIAE$)、进口额($import$)以及出口额($export$)来表示。解释变量即自贸试验区是否设立的虚拟变量 ftz,在某区域确定设立自贸试验区之前其取值为 0,即表示还未建设;在确定设立自贸试验区后其取值为 1,即表示已经设立自贸试验区。控制变量则选择了三个指标,分别为全社会固定资产投资(TIF)、国内生产总值(GDP)以及社会消费品零售总额(TRS)。国内生产总值反映了一个地区的总体经济发展水平,当一个地区的经济发展水平越高,其对外贸易发展水平也越高,带动了航运贸易额的增长。全社会固定资产投资反映了当前社会对各类行业进行的资产投资规模以及一段时间内的投资速度等,固定资产也可以从侧面表明进出口额的起伏变化,固定资产的购买可以提升社会经济地位,增强当前区域的经济实力。社会消费品零售总额表明了物质文化的水平以及商品购买力的容易程度。社会消费品零售总额的增加表明了国内市场需求增加,带动了产品的大规模生产,并促进其进出口贸易活动。

5.4.3　描述性统计

对主要变量($TIAE$、$import$、$export$、GDP、TIF、TRS)取对数。干预组每个变量包含 40 个样本,对照组每个变量包含 120 个样本,样本总量为 160。取对数后干预组被解释变量 $TIAE$ 的均值为 8.334,最大值为 8.468,最小值为 7.929;而对照组的 $TIAE$ 的均值为 8.038,最大值为 8.366,最小值为 7.234,略小于干预组。对比干预组与对照组数据可看出,干预组的 GDP、TIF、TRS 的均值稍低于对照组,说明干预组即上海市的经济发展水平略低于对照组,但是干预

组的 $TIAE$、$import$、$export$ 比对照组高，说明上海市的对外贸易发展水平高于对照组。另外，干预组各项指标的方差均低于对照组，说明对照组的经济没有干预组发展得稳定。描述性统计结果如表 5.5 所示。

表 5.5　主要变量的描述性统计

干预组					
变量	样本量	均值	方差	最小值	最大值
$TIAE$	40	8.324	0.028	7.929	8.468
$import$	40	7.688	0.048	7.214	7.946
$export$	40	7.565	0.015	7.258	7.651
ftz	40	0.554	0.278	0.000	1.000
GDP	40	9.989	0.053	9.619	10.330
TIF	40	8.772	0.016	8.531	8.888
TRS	40	9.103	0.078	8.548	9.371

对照组					
变量	样本量	均值	方差	最小值	最大值
$TIAE$	120	8.028	0.288	7.234	8.366
$import$	120	7.238	0.352	6.305	8.208
$export$	120	7.133	0.359	6.181	7.938
ftz	120	0.000	0.000	0.000	0.000
GDP	120	10.500	0.418	9.405	12.571
TIF	120	9.799	0.899	8.488	12.596
TRS	120	9.507	0.256	8.577	10.424

5.4.4　平行趋势检验

平行趋势是使用双重差分模型的前提条件，即在外生冲突发生之前，干预组与对照组的时间效应应当保持一致，即两个组的数据发展具有平行趋势。本节通过图 5.1 对比了实施自贸试验区政策的上海市与对照组省份在该政策实施前，其进出口总额是否具有共同趋势。从图 5.1 中可以看出，上海、江苏、河北、山东在上海设立自贸试验区之前,即 2009—2013 年这段期间,它们的进出口总额发展方向几乎是相似的,满足共同趋势假设。

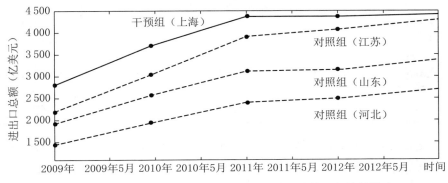

图 5.1　上海与对照组省份在自贸试验区设立前的平行趋势检验

5.5　实证结果分析

基于前文对双重差分模型的研究与分析,接下来我们将会利用进出口总额、国内生产总值、全社会固定资产投资以及地区社会消费品零售总额等指标数据考察自贸试验区的设立对航运贸易的影响,本节利用回归方法进行分析。在进行回归分析时,将分为如下情况进行研究:(1)只考虑自贸试验区设立与否的情况;(2)(3)(4)考虑其他控制因素逐步加入的回归结果,具体的回归结果如表 5.6 所示。

通过数据对比分析能够发现,不论是只考虑自贸试验区的建立情况还是依次加入控制变量的情况,自贸试验区的设立对上海的进出口贸易都具有显著的正向作用。在只考虑设立与否时,自贸试验区的设立对地区进出口总额有显著的正向影响,且回归系数为 0.085,即自贸试验区政策可以解释干预组进出口总额 8.5％的变化。因此自贸试验区的设立能够带动上海进出口贸易的发展,也能够带动周边区域的经济发展。

表 5.6 自贸试验区设立对上海进出口贸易的影响

ln $trade$	(1)	(2)	(3)	(4)
ftz	0.085 5	0.073 6	0.059 3	0.066 2
ln gdp		0.181 6	1.011 2	0.730 5
ln tif			0.958 3	0.698 6
ln trs				0.594 8
_$cons$	8.256 3	3.354 4	11.201 9	10.803 3
R^2	0.353 2	0.750 3	0.930 7	0.937 7
N	160	160	160	160

表 5.7 为自贸试验区的设立对上海进口贸易的回归结果:(1)仅考虑自贸试验区设立与否的回归结果,(2)(3)(4)分别考虑逐步加入相应的控制变量后的回归结果。根据回归结果可以发现,在不考虑其他控制变量加入的情况下,自贸试验区设立的情况对上海进口贸易表现出正向影响,回归系数为 0.075 8,同时,考虑逐渐加入控制变量的情况,由结果分析可得出,各控制变量的增加会使得进口贸易额增长更加显著,且各控制变量的加入对进口贸易都有正向影响,不断发挥推动作用。

表 5.7 自贸试验区设立对上海进口贸易的影响

ln $import$	(1)	(2)	(3)	(4)
ftz	0.075 8	0.069 1	0.073 7	0.061 4
ln gdp		0.643 5	0.569 5	0.930 8
ln tif			0.891 5	0.759 6
ln trs				0.646 8
_$cons$	7.658 9	6.769 7	7.583 6	7.170 4
R^2	0.513 0	0.855 8	0.955 2	0.959 9
N	160	160	160	160

表 5.8 为自贸试验区的设立对上海出口贸易的回归分析结果:(1)仅考虑自贸试验区设立与否的回归结果,(2)(3)(4)分别为逐步加入相应的控制变量后的回归结果。全社会固定资产投资、国内生产总值的回归系数分别为 0.825 1 和 0.650 9,说明社会固定资产投资、国内生产总值对出口贸易有显著的促进作用。

同时,根据回归结果可以发现,在仅考虑自贸试验区的设立对出口贸易的影响时表现为正向作用,回归系数为 0.078 1;在考虑逐步加入其他控制变量时,自贸试验区设立的影响作用依然是正向的,而其他控制变量也表现出正向的影响。

表 5.8　自贸试验区设立对上海出口贸易的影响

$\ln export$	(1)	(2)	(3)	(4)
ftz	0.078 1	0.062 7	0.101 9	0.102 3
$\ln gdp$		0.895 4	0.613 9	0.650 9
$\ln tif$			0.858 9	0.825 1
$\ln trs$				0.614 4
_cons	7.481 8	−1.298 0	13.830 2	14.018 6
R^2	0.064 9	0.486 0	0.881 1	0.894 7
N	160	160	160	160

通过对上述三种情况的研究分析比较,可以得出,自贸试验区的设立对地区进出口贸易都具有显著的正向促进作用。这也与本章的研究目的相一致,即上海自贸试验区的设立显著促进了地区的进出口贸易,即航运贸易。具体来说:

(1) 在研究自贸试验区对整体航运贸易的影响时,通过定量分析可以发现无论是只考虑自贸试验区设立与否还是依次加入其他控制变量的情况,回归系数都为正,这说明自贸试验区设立能够有效带动国际进出口贸易的发展,即带动航运贸易的发展。

(2) 在研究自贸试验区对进口贸易、出口贸易的影响时,通过对计算结果的分析可以发现,自贸试验区设立对进口贸易与出口贸易的影响程度有所不同,其设立对进口贸易的促进效应比其对出口贸易更加显著。

(3) 自贸试验区设立后能够形成一定程度的区域性推动作用,促使周边地区的企业、商家等都得到更快、更好的发展,市场经济也能够更进一步地得到提升。同时,上海自贸试验区与港口间形成了紧密的联系,可以依据优越的政策从多方面带动航运经济、航运贸易的发展。

第6章
上海自贸试验区服务贸易创新发展的探索：
产业结构优化的视角

6.1 引言及文献综述

　　自贸试验区的设立，通过积极探索政府经贸和投资管理模式创新，以大范围开放服务业的市场准入作为推进重点，带动法律、金融、税收、贸易、投资等一系列制度变革，从而将为全国性产业结构优化带来巨大的示范效应。而推进服务业改革和金融业扩大开放、促进上海产业结构优化是上海自贸试验区改革创新的重中之重，基于此，本章以上海自贸试验区为例，研究其设立以来，是否有效地推进服务业升级，带动区域产业结构优化。

　　本章首先对自贸试验区优化产业结构的理论机制进行研究。在此基础上，以上海自贸试验区设立为时间节点，对样本期内上海产业结构优化程度进行实证研究，通过对比分析自贸试验区对上海产业结构优化的影响，总结上海自贸试验区通过不断改革创新，推进服务业扩大开放、促进区域产业结构优化和调整，为国内产业结构优化提供可复制可推广的经验。

　　国外学者对自由贸易区与产业发展的相关文献主要集中在以下方面：Bolle

和 Williams(2012)研究认为,建立自由贸易区对产业发展存在正效应；Warr 和 Johansson(1994)研究认为,自由贸易区的政策优势使得区内产业具有成本优势,使得对部分具有成本优势的产业投资加大。

国内学者研究了自贸试验区设立对特定产业的影响,但缺乏自贸试验区设立对于产业结构优化的系统性研究。例如,郑玉香、孟祥云(2014)考察了上海自贸试验区的设立对区内物流行业的发展带来的影响,认为自贸试验区贸易便利化和贸易自由化有效提高物流运作效率,最终使得物流服务企业进入自贸试验区的盲目程度加深；夏子乔(2014)以上海自贸试验区为例,认为上海自贸试验区的设立加快了上海航空产业的发展；毕玉江等(2014)对推进上海自贸试验区服务贸易的开放和进一步发展作了深入研究,认为上海自贸试验区应在财税体制、金融体制等方面进行创新；雷霆华、刘佳洁(2015)以天津自贸试验区为例,认为天津自贸试验区设立有利于区内融资租赁行业的快速发展。

综合而言,国外对自由贸易区的研究主要是围绕自由贸易区的成本收益等基本理论问题展开。这主要与西方发达国家当前主要扮演优势产业输出方的角色,以及处于产业价值链的上游有关。国内学者深入研究了中国自贸试验区对于区内具体行业的影响,但缺乏对区域整体产业结构优化的研究。鉴于此,本章将在理论分析的基础上,引入"反事实"分析的实证方法,深入分析上海自贸试验区试点对于上海产业结构优化的影响,以丰富这一领域的研究。

6.2　自贸试验区促进产业结构优化的机制

自贸试验区从制度创新、营商环境、市场环境等层面促进产业结构优化。产业结构的优化吸引资金、技术和人才等要素不断涌入自贸试验区,从而进一步加速产业结构优化,形成良性循环。例如,在制度创新方面,自贸试验区通过商事制度、贸易监管制度、金融开放制度、事中事后监管制度等不断创新,引导区域产业政策,推动产业结构合理化。同时,自贸试验区的设立还直接带来了国外先进的研发技术、人力资源开发能力和管理技能,通过提高工作效率和新技术观念间接促进了产业结构高度优化。图 6.1 为自贸试验区的设立对产业结构优化产生影响的作用机制。

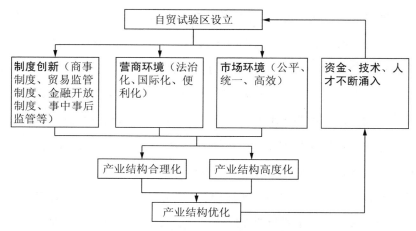

图 6.1　自贸试验区对产业结构优化的作用机制

此外,自贸试验区的设立还直接带来了跨国网络系统和技术转移。如果能吸引国内外资本投入增长潜力较大的高科技产业和有优先发展需求的产业,就能有效加强所在区域的产业结构升级,进而使其结构合理化,有力地推动产业结构的优化。最后再通过市场竞争机制,包括资本竞争、技术竞争、人才竞争等,可以加快促进产业结构优化。

6.3　上海自贸试验区优化产业结构的实证研究

上海自贸试验区是中国自主设立的区域性自由贸易园区,其前身是以外高桥保税区等 4 个海关特殊监管区域为核心的综合保税区。经过二期扩区之后，上海自贸试验区范围现已涵盖金桥出口加工区、张江高科技园区和陆家嘴金融贸易区在内的 7 个区域，面积为 120.72 平方千米。就目前上海产业结构而言，尽管上海市"三、二、一"的产业结构形态已经趋于稳定，但是其在高端产业聚集等方面仍存在问题，特别是以金融业为核心的现代服务业发展仍与国际一流城市差距明显。

6.3.1　模型选择

根据自贸试验区对上海产业结构优化的影响机制，理论上可以使用统计分析方法或建立回归模型的方法，以具体评估自贸试验区的设立对上海产业结构优化的影响。基于回归模型评估政策效应的常用方法有联立方程组模型和动态随机一般均衡模型等。通过研究宏观变量关联性评估政策效果，但这些传统政策评估方法模型通常变量过多、模型复杂度过大，且一般难以避免数据间的内生性问题。鉴于此，部分研究引入双重差分方法、匹配法等"准自然实验"方法以评估宏观政策效应。然而，这些评估方法存在以下几个方面问题：第一，宏观经济运行受到经济系统中多种因素的影响，这些因素与政策变量存在互动关系，难以识别单一因素的具体影响。第二，双重差分方法等"准自然实验"评估方法的使用严重依赖随机性假设，与现实不符。

新近发展的"Hsiao 反事实"分析方法（Hsiao, et al., 2012）在自贸试验区政策效应评估方面具有优越性，体现在：一方面，此方法认为在同一个经济体中，存在着影响截面上各个体经济运行的共同因子，虽然个体受到同一经济体宏观经济政策的影响程度存在不同，但在同一时间截面上具有一定联动性或相关性。因此，"Hsiao 反事实"分析方法放松了"准自然实验"评估方法所必需的随机性假设。另一方面，该方法可克服宏观政策评价中存在的变量过多、模型复杂度过大、数据内生性、样本选择偏差等问题，在一定程度上可降低不同变量选择与不同估计方法对实证结果稳健性的干扰。

以下简述"Hsiao 反事实"分析方法。设 y_{it} 是上海($i=1$)或其他省市($i=2$,3,…,28)的产业结构优化指标(金融业增加值增长率或第三产业占比),它们的生成过程是因子模型:

$$y_{it}=b_i'f_t+\alpha_i+\varepsilon_{it},\ i=1, 2, \cdots, N,\ t=1, 2, \cdots, T \qquad (6.1)$$

其中 b_i' 为随省市变化的系数向量;f_t 为截面数据随时间变化的共同因子向量,共同驱动截面上所有独立的省市;α_i 是相关省市的个体固定效应;ε_{it} 为随机扰动项,其随时间变化且满足 $E(\varepsilon_{it})=0$。假设上海自贸试验区设立于 T_1 期(即 2013 年),其设立与否对其他省市个体 y_{it} 没有影响,即 $y_{it}=y_{it}^0$,$i=2, \cdots, N$,$t=1, 2, \cdots, T$;上海自贸试验区设立之前对上海市产业结构优化无影响,设立之后有影响,即 $y_{1t}=y_{1t}^0$,$t=1, \cdots, T_1$,$y_{1t}=y_{1t}^1$,$t=T_1+1, \cdots, T$。定义虚拟变量 d_{1t},$d_{1t}=1$ 表示 y_1 在 t 时刻受政策干预;$d_{1t}=0$ 表示未受政策干预。假设其他地区产业结构优化特有的随机构成成分与政策干预变量 d_{1t} 是条件独立的,即 $E(\varepsilon_{is}|d_{1t})=0$,$i=2, \cdots, N$,$s \geqslant t$。定义自贸试验区设立影响上海宏观经济总量 y_{1t} 的处理效应 Δ_{1t} 为:$\Delta_{1t}=y_{1t}^1-y_{1t}^0$,$t=T_1+1, \cdots, T$。

估计 Δ_{1t} 的困难在于,y_{1t}^1 和 y_{1t}^0 不能同时被观测到。上海自贸试验区设立后,其产业结构优化指标 y_1 的结果变量 y_{1t}^1 可观测,缺失的是它未受政策干预影响的结果变量 $y_{1t}^0(t=T_1+1, \cdots, T)$。为估计 Δ_{1t},我们需要构建时期 $T_1+1, \cdots, T$ 缺失的结果变量 y_{1t}^0,这是一种"反事实"结果。

为此,我们利用其他基本不受自贸试验区设立政策影响的对照组省份的信息,来预测自贸试验区未设立时上海的产业结构优化指标,构建自贸试验区设立后时间 $T_1+1, \cdots, T$ 上海产业结构优化的"反事实"y_{1t}^0。这一方法依赖于面板系统截面之间的联系。作者认为,由于同一截面的不同个体都受到共同因子(宏观政策、利率水平、税收等)的影响,尽管它们对省市产业结构变化的驱动程度不同,但导致了截面数据之间存在某种相关性,这为上述"反事实"y_{1t}^0 的构建提供了事实基础。

因为其他省市与上海都受宏观经济中共同因子的影响,故可以选取其他省市作为对照组，利用 $\tilde{y}_t^0 = (y_{2t}^0, \cdots, y_{Nt}^0)'$ 代替 f_t 来拟合 $t=T_1+1, \cdots, T$ 时 y_{1t}^0 的"反事实"值。具体地，先用 $t=1, 2, \cdots, T_1$ 的时间序列数据拟合 y_{1t}^0 得其拟合值为 $\hat{y}_{1t}^0 = \hat{\bar{a}} + \hat{a}_2 y_{2t}^0 + \cdots + \hat{a}_N y_{Nt}^0$，再进行 y_{1t}^0 的样本外预测，得其"反事实"值 $\hat{y}_{1t}^0$：

$$\hat{y}_{1t}^0 = \hat{\bar{a}} + \hat{a}_2 y_{2t}^0 + \cdots + \hat{a}_N y_{Nt}^0, \quad t=T_1+1, \cdots, T \tag{6.2}$$

自贸试验区成立影响宏观经济指标的处理效应 Δ_{1t} 的估计为：

$\hat{\Delta}_{1t} = y_{1t} - \hat{y}_{1t}^0$，$t=T_1+1, \cdots, T$。若估计出的处理效应 $\hat{\Delta}_{1t}$ 序列是平稳的，则长期的处理效应 Δ_1 为：

$$\hat{\Delta}_1 = 1T - T_1 \tag{6.3}$$

Hsiao 等（2012）证明，式（6.3）是真正处理效应 Δ_1 的一致性估计，其模拟结果显示，上述预测方法得到的处理效应的误差较小，且小样本表现优于 Bai 和 Ng（2002）的共同因子方法。从上面的模型可以看出，可以只挑选面板数据中的部分截面省市个体作为对照组来构建受自贸试验区设立这一政策影响的个体的"反事实"值。借鉴（Hsiao and Wan，2014）的方法，采用如下选择策略：

第一步，对任意固定的 $j=1, 2, \cdots, N-1$，在 $N-1$ 个截面单位中任意挑出 j 个个体，共可得到 C_{N-1}^j 种对照组。用各对照组中 j 个省市的宏观经济指标变量构建 $(y_{1t}^0, \cdots, y_{jt}^0)$，拟合得到"反事实"值。根据赤池信息准则（AIC）选出对 $y_{1t}^0(t=1, \cdots, T_1)$ 拟合得最好的一个对照组。这一过程需要估计和比较 C_{N-1}^j 种回归模型，最终得到最优的对照组，记为 $M^*(j)$。因 $j=1, 2, \cdots, N-1$，故重复进行这一挑选，将选出 $N-1$ 个备选的对照组 $M^*(j)$，$j=1, 2, \cdots, N-1$。

第二步，利用 AIC 准则从 $M^*(1), M^*(2), \cdots, M^*(N-1)$ 中挑选一个最优的对照组 M^*。

第三步，由对照组 M^* 对应的估计模型 6.2 进行样本外（$t=T_1+1, \cdots, T$）预测，作为 y_{1t}^0 的"反事实"值，由式（6.3）估计处理效应，并作为分析的依据。

6.3.2 数据来源及说明

数据的样本期为 2000—2016 年,选择 2016 年作为时间截止点,是因为 2016 年是上海自贸试验区设立 3 年后进行总结评估的关键一年。因上海自贸试验区被批准成立于 2013 年 8 月,因此,我们将 2000—2012 年划分为上海自贸试验区设立前的时间段,$T_1 = 12$ 期;将 2013—2016 年划分为上海自贸试验区设立后的时间段,即 $T_1 + 1$ 至 T 期,$T_2 = T - T_1 = 4$ 期。$T_1 > T_2$,符合"Hsiao 反事实"方法对样本时间跨度的要求。

本节选取包括上海市在内的 32 个省、自治区和直辖市的金融业增加值增长率和第三产业占比两个宏观经济指标,来考察自贸试验区设立对上海产业结构优化的具体影响。金融业增加值的增长率、第三产业占比的年度数据均来源于各省、自治区和直辖市统计局网站上公布的历年国民经济和社会发展统计公报。其中,金融业增加值的增长率数据,为当年所在省、自治区和直辖市金融业增加值与上一年度同期相比较而得出的增长率数据;第三产业占比数据为第三产业增加值占所在省、自治区和直辖市生产总值的具体比例数据。相关数据的描述性统计特征如表 6.1 所示。

表 6.1　相关数据的描述性统计特征

数　据		最大值(最小值)		均值	
		全国	上海	全国	上海
第三产业占比	设立前	76.36% (28.62%)	60.45% (47.86%)	49.49%	53.54%
第三产业占比	设立后	80.30% (45.63%)	70.50% (63.18%)	58.36%	66.58%
金融业增加值的增长率	设立前	96.31 (−48.96%)	46.52% (−9.49%)	18.09%	12.74%
金融业增加值的增长率	设立后	42.32% (−4.13%)	23.98% (15.22%)	18.40%	18.16%

6.3.3　参照组别的选择

使用"Hsiao反事实"分析方法考察自贸试验区对上海市产业结构优化影响的关键在于，能否找到最为贴近上海市产业结构优化真实情况的最优对照组，充分模拟上海市产业结构优化随时间变化而产生的运行轨迹。由于该分析方法强调了其他地区与自贸试验区设立这一政策干预变量是条件独立的。因此，本节在挑选参照组别成员时，避开2013—2016年与自贸试验区设立紧密相关的省份，以此为标准，于2014年12月参与第二批自贸试验区设立的广东、福建、天津三省市将被排除在参照组别的选择范围之外。

本节利用实施政策前时间段（2000—2016年）给剩余的28个省市数据样本，拟合模型6.2。由于上海自贸试验区设立的时间为2013年，分别在对照组中包含$i(i=1, 2, \cdots, 28)$个对照组对象，观察其拟合优度和似然率，从中选择其中最优的那个方程，记为$M^*(i)(i=1, 2, \cdots, N)$。

其次，根据赤池信息准则，从$M^*(i)$中选择一个最优的方程$M^*(k)$，其中，k表示对照组中最好包含k个省市。

通过上述两种方法，可得从中挑选出拟合程度最优的参照组别，作为最佳对照组。

6.3.4　实证结果及分析

经过多轮估计和比较，描述上海第三产业占比增长趋势的最佳对照组指向同一拟合方程，包含河北、山西、内蒙古等10个省区市，拟合情况如表6.2所示。与此类似，描述上海市金融业增加值增长趋势的最佳对照组，包含北京、河北、江苏等10个省市，拟合情况如表6.3所示。

表 6.2　第三产业占比增长趋势最佳对照组权重

变　量	回归系数	标准误	t 值
常　量	1.061	0.423	7.159
河　北	−0.518	0.740	−2.006
山　西	−0.532	0.498	−4.831
内蒙古	0.574	0.298	1.822
黑龙江	2.164	0.831	2.314
海　南	−0.460	0.523	−1.283
甘　肃	−0.271	0.400	2.985
云　南	−0.487	1.024	2.417
江　西	1.302	0.694	−1.398
山　东	−1.081	0.707	1.663
陕　西	−1.877	0.895	2.948

$R^2 = 0.967$

表 6.3　金融业增加值增长趋势最佳对照组权重

变　量	回归系数	标准误	t 值
常　量	0.147	0.114	10.653
河　北	0.243	0.028	2.554
江　苏	0.163	0.061	−1.683
北　京	−0.254	0.095	3.224
甘　肃	1.259	0.138	2.154
湖　南	−0.261	0.134	−1.336
云　南	0.465	0.060	2.602
重　庆	1.752	0.132	2.771
四　川	0.259	0.019	−2.013
河　南	−2.077	0.074	2.578
山　西	−1.912	0.061	1.068

$R^2 = 0.908$

　　描述上海第三产业占比增长趋势的最佳对照组包含河北、山西、内蒙古、黑龙江、海南、甘肃、云南、江西、山东、陕西等 10 个省市,依据最佳对照组得出的拟合方程如下所示:

$$SH\_dscy = 1.061 - 0.518hb - 0.532sx + 0.574nmg + 2.164hlj - 0.460hn$$
$$- 0.271gs - 0.487yn + 1.302js - 1.081sd - 1.877sx_2$$

据此得出的上海第三产业占比增长趋势如图 6.2 所示。

图 6.2　2000—2012 年上海第三产业占比增长的拟合值和真实值

描述上海市金融业增加值增长趋势的最佳对照组包含河北、江苏、北京、甘肃、湖南、云南、重庆、四川、河南、山西等 10 个省市，依据最佳对照组得出的拟合方程如下所示：

$$SH\_jry = 0.147 + 0.243hb + 0.163js - 0.254bj + 1.259gs - 0.261hn$$
$$+ 0.465yn + 1.752cq + 0.259ss - 2.077hn_2 - 1.912sx$$

依据最佳对照组得出的拟合方程所得，上海金融业增加值增长趋势如图 6.3 所示。

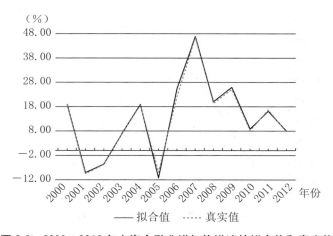

图 6.3　2000—2012 年上海金融业增加值增速的拟合值和真实值

图 6.2 和图 6.3 分别描绘实施政策前的时间段（2000—2012 年）上海第三产业占比和金融业增加值的增长率的真实值和预测值（或称拟合值）。可见,两者的真实值和预测值基本重合,并且重要拐点处也得到很好的拟合。所以,自贸试验区设立前,上海第三产业占比亦可由上述 10 个省市所构成的最佳对照组绞好地拟合,而上海市金融业增加值的增长率可以较准确地由上述 10 个省市构成的最佳对照组来拟合。

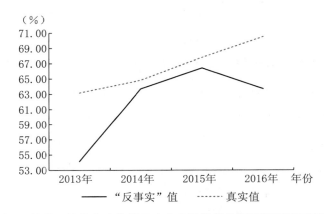

图 6.4 2013—2016 年上海第三产业占比增长的"反事实"值和真实值

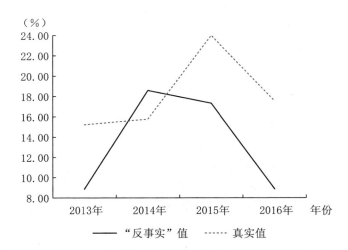

图 6.5 2013—2016 年上海金融业增加值增速的"反事实"值和真实值

　　进一步地，我们使用上面的两组拟合方程来构造上海第三产业占比和金融业增加值增长率"反事实"增长曲线，并与在此期间上海第三产业占比和金融业增加值增长率真实的增长曲线作对比，如图6.4和图6.5所示。

　　通过对比上海第三产业占比和金融业增加值的增长率"反事实"值和真实值，可分别计算设立自贸试验区的政策处理效应的具体数值，如表6.4所示。

表6.4　设立自贸试验区的政策处理效应

时　间	第三产业占比			金融业增加值的增长率		
	真实值（%）	"反事实"值（%）	处理效应（%）	真实值（%）	"反事实"值（%）	处理效应（%）
2013 年	63.18	54.15	9.03	15.22	8.86	6.36
2014 年	64.82	63.70	1.12	15.77	18.59	−2.82
2015 年	67.80	66.41	1.40	23.98	17.32	6.66
2016 年	70.50	63.68	6.82	17.53	8.86	8.67

　　由表6.4所示，在2013年，上海的第三产业占比真实值相比"反事实"值，提升了9.03个百分点，是设立自贸试验区后政策处理效应最为明显的一年；之后的两年（2014年和2015年），设立自贸试验区对上海第三产业占比的影响虽不及第一年，但政策处理效应仍为正值；自贸试验区设立之后的第四年（2016年），据"反事实"数据显示，如果没有设立自贸试验区，则上海第三产业占比可能比上一年度有所下降，将由上一年度的66.41%减少为63.68%，而自贸试验区的设立，使得上海第三产业占比在该年度继续保持上升，并在历史上首次达到70.50%。纵观设立自贸试验区之后上海市第三产业的变化，自贸试验区的设立对上海市第三产业占比的提升显著为正，提升了第三产业占比，年同比增长4.59个百分点。

　　同样，在上海自贸试验区设立的2013年，上海金融业增加值增长率即表现出明显的政策处理效应，真实的增长率比"反事实"增长率超出6.36%；并且除2014年政策处理效应之外，其余各年度的自贸试验区设立对上海金融业增加值的增长率政策处理效应均为正值。这一结果表明，上海设立自贸试验区在总体上确实促进了上海金融业增加值增长率的正向增长，提升了上海金融业增加值

的增长率,年同比增长 4.72 个百分点。之所以出现上述结果,有以下几个原因:

首先,设立自贸试验区具有显著的短期政策正效应。无论是第三产业占比还是金融业增加值的增长率,2013 年的政策处理效应均比其后的 2014 年更为明显。这是因为,上海自贸试验区作为我国首个自由贸易试验区,在设立的当年重点推进制度创新、服务业开放、功能拓展和法制保障等 4 个方面,其中制度创新涉及投资、贸易、金融和综合监管 4 个领域,使得上海自贸试验区迅速成为"对外开放先行区",吸引国内外以金融业为代表的现代服务业在上海区域提前布局。2013 年,上海自贸试验区内投资企业完成经营总收入 14 200 亿元,同比增长 10.5%;完成工商税收 472 亿元,同比增长 10%;工商税收和商品销售额在全国海关特殊监管区中的比例分别达到 53.4% 和 51.6%,形成显著的短期政策正效应。

其次,自贸试验区正持续引发产业聚集效应。设立自贸试验区后的第四年,政策处理效应均比之前的两年更为明显。这是因为,上海自贸试验区设立之后,产业结构优化效应显现,不断吸引全球生产要素向上海流动。随着各项基础设施和政策环境的不断完善,转运贸易、金融服务等先进服务业不断聚集,并且产业集群之间通过人流、物流和知识流的交互网络,不断加强相互联系,促使更多的企业依附。截至 2017 年 9 月底,上海自贸试验区新注册企业 4.8 万家,超过挂牌前 20 多年的总和。新设企业中,外商投资企业 8 781 家,占比已从挂牌初期的 5% 上升到近 20%。上述事实均说明,上海自贸试验区设立 3 年以来,产业聚集效应正在逐步显现。

6.3.5 "反事实"分析的稳健性检验

以上海第三产业占比增长趋势为例,分别在放松条件独立假设以及随机设置时间节点的背景下,检验实证结果的稳健性。

1. 参照组放松的稳健性检验

本节使用的"Hsiao 反事实"分析方法,关键假设是参照组别应条件独立于政策影响之外，基本不受或极少受到政策干预影响，从而可以据此构建出不受事件影响的"反事实"结果。为对这一关键假设作稳健性检验，本节将适当放宽对参照组别的选择标准，引入在 2013—2016 年之间已设立自贸试验区的省市，如于 2015 年 4 月第二批次设立自贸试验区的广东、天津、福建三省市，检验参照组别放松后实证结果的稳健性。

以上海第三产业占比增长趋势为例，按照前文经过多次拟合，得到包含广东、天津、福建、黑龙江、海南、江苏、云南、江西、山东、陕西的新对照组，拟合方程如下：

$$SH\_dscy' = 0.534 - 0.483gd - 0.544tj + 0.838fj + 2.363hlj - 0.663hn$$
$$- 0.262js - 0.517yn + 0.645jx + 0.077sd - 1.017sx$$

表 6.5　第三产业占比增长趋势最佳对照组权重

变　量	回归系数	标准误	t 值
常　量	0.534	0.221	6.875
广　东	−0.483	0.338	−1.326
天　津	−0.544	0.227	1.879
福　建	0.838	0.283	1.004
黑龙江	2.363	0.506	−2.635
海　南	−0.663	0.234	3.245
江　苏	−0.262	0.505	1.654
云　南	−0.517	0.366	2.582
江　西	0.645	0.238	2.021
山　东	0.077	0.498	−1.003
陕　西	−1.017	0.325	2.547

$R^2 = 0.991$

由表 6.5 可得，参照组别放松后的对照组得到的拟合度仍然较高，与原先选定的最佳对照组相似，可以对 2000 年至 2012 年间上海第三产业占比趋势线进行较好的拟合，拟合程度与最佳对照组基本相当。进一步地，本节按照特别选定的对照组拟合方程，得到新的对照组"反事实"走势曲线与真实值走势曲线对比图,如图 6.6 所示。

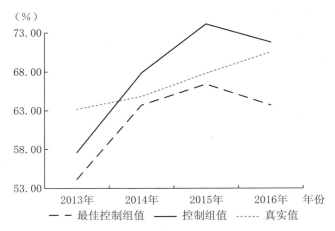

（%）

73.00

68.00

63.00

58.00

53.00

2013年 2014年 2015年 2016年 年份

— — 最佳控制组值 —— 控制组值 ······ 真实值

图 6.6 放松后的对照组、最佳对照组构造的"反事实"值与真实值对比

从图 6.6 可以直观地看出,2013 年度,放松后的对照组构造的"反事实"模型低估了政策效应,且在 2014—2016 年度,放松后的对照组构造的"反事实"模型更是显示年度政策效应为负,这与上海自贸试验区设立后第三产业占比逐年有序增长且其增长幅度超过全国平均水平,同时上海第三产业对经济增长贡献率提升的事实存在严重背离。

可见,只要放松条件独立的关键假设,得出的结果并不一定支持自贸试验区设立对于上海第三产业占比提升有促进作用的这一明显事实。只有满足对照组别个体与"自贸试验区设立"条件独立这一关键建设,自贸试验区设立对于上海第三产业占比显著的正向政策效应才会显现。否则,得出的拟合结果会对政策效应形成极大的扭曲,且扭曲程度难以实际测量。

因此,在实证分析时,必须对所选择的最佳对照组进行充分的论证,确保"Hsiao 反事实"方法使条件独立的关键假设得到满足。这一检验结果反过来也为实证结论成立提供了有力的支持。

2. 时间节点放松的稳健性检验

本节将 2000—2012 年划分为上海自贸试验区设立前的时间段,将 2013—

2016 年划分为上海自贸试验区设立后的时间段，在此基础之上使用"Hsiao 反事实"分析方法，得出自贸试验区设立对上海市产业结构优化存在明显的政策效应这一实证结论。

以下我们随机选择上海自贸试验区设立前的某一时间节点作为新的时间节点，验证在随机设置时间节点的背景下实证结果的稳健性。假设 2010 年为上海自贸试验区设立的时间节点，将 2000—2009 年划分为上海自贸试验区设立前的时间段，$T_1 = 10$ 期；将 2010—2016 年划分为上海自贸试验区设立后的时间段，$T_2 = T - T_1 = 7$ 期，$T_1 > T_2$，同样符合"Hsiao 反事实"方法对样本时间跨度的要求。

继续使用前文选定的最佳对照组，得到新的对照组"反事实"走势曲线与真实走势曲线对比图，如图 6.7 所示。

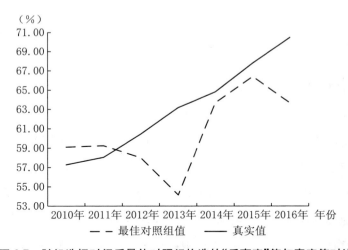

图 6.7　随机选择时间后最佳对照组构造的"反事实"值与真实值对比

如图 6.7 所示，在 2013 年（上海自贸试验区设立当年）与最佳对照组拟合的上海第三产业占比"反事实"值与真实值形成显著对比，得出较大的政策效应，这与实证结论基本一致。

6.4 结论与建议

自贸试验区通过制度创新、营商环境、市场环境等层面促进产业结构优化，产业结构的优化吸引资金、技术和人才等要素不断涌入自贸试验区，从而又加速了产业结构优化，形成良性循环，为全国性的产业结构优化带来巨大的示范效应。本章使用了"Hsiao 反事实"分析方法，测度了自贸试验区设立对于上海产业结构优化的政策效应。在此基础上，本章提出自贸试验区设立对于所在区域产业结构优化的政策建议。

6.4.1 研究结论

（1）自贸试验区的设立对于上海第三产业占比的提升显著为正，提升了第三产业占比，年同比增长 4.59 个百分点。

（2）设立自贸试验区，总体上促进了上海市金融业增加值增速的正向增长，提升了上海市金融业增加值的增长率，年同比增长 4.72 个百分点。

（3）设立自贸试验区，从短期而言具有显著的政策正效应；从长期而言具有显著的产业集聚效应。存在短期政策效应，表明市场对自贸试验区新政策非常敏感，政策窗口的放开吸引国内外机构在自贸试验区提前布局。存在长期的产业聚集效应，说明随着各项基础设施和政策环境的不断完善，生产要素不断聚集，产业集群之间通过人流、物流和知识流的交互网络，不断加强相互联系，促使更多的企业依附，进一步带动了所在区域高端产业的发展。

（4）"Hsiao 反事实"分析方法适用于评估自贸试验区对产业结构优化的影响，但要特别注意所适用的关键性假设条件。相对于宏观政策效应评估中的主流方法，"Hsiao 反事实"分析方法避免了理论建模复杂、模型设定中的内生性、干扰因素难以排除等传统评估方法存在的缺陷，在自贸试验区政策效应评估方面具有一定的优越性。但"Hsiao 反事实"分析方法对于对照组个体条件独立这一关键假设极其敏感，一旦违背该假设，极易导致估计结果出现大幅偏差，从而得出错误结论。因此，在实际应用时，必须对条件独立这一关键假设进行充分的论证，只有在完全满足关键假设和其他限定条件后，才能使用这一分析方法。

6.4.2　政策建议

（1）坚持围绕自贸试验区以制度创新为代表的核心目标进行改革与创新。自贸试验区通过制度创新、营商环境、市场环境等层面促进产业结构优化，其对于国家、区域的产业结构优化有着巨大的引领作用，能够充分推动所在区域承接各类国际高端产业的转移，促进所在区域的产业结构优化，使得其与国际先进产业接轨，更好地参与国际分工。因此，在设立自贸试验区时，必须坚持围绕自贸试验区以制度创新为代表的核心目标进行改革与创新，吸引高端生产要素，面向高端产业。

（2）充分利用自贸试验区设立的短期政策效应。自贸试验区的设立伴随着市场准入的放开和政策扶持力度的增强，其必然会形成短期的"对外开放先行区"，吸引国内外机构在自贸试验区提前布局。因此，需要加强与市场的提前沟通和政策性引导，引导资金和产业的有序流入，确保自贸试验区设立得以平稳进行；此外，也可通过提前规划有针对性的自贸试验区产业政策，更好地促进自贸试验区所在区域的产业结构优化。

（3）关注自贸试验区设立的产业聚集效应。自贸试验区的设立存在较为明显的长期产业集聚效应，相关机构在开展自贸试验区设立对所在区域产业结构优化的政策效果评估时，建议选择较长的时间跨度进行。

第7章
上海自贸试验区服务贸易创新发展的探索：
制度创新的视角

7.1 引言及文献综述

　　自贸试验区是中国在经济新常态下突破改革困境的重要试验，成为中国深化改革的"试验田"。自贸试验区率先在投资开放、贸易便利、金融改革和市场监管等领域进行制度创新，形成了一批在全国范围内可复制可推广的经验，制度创新效应明显。而自贸试验区内企业是区内制度创新的微观基础，是区内市场活动的主体，自贸试验区应以企业发展为最终目的。企业既是自贸试验区制度创新的首要考虑对象，也是其最终受益对象，因此自贸试验区制度创新应以企业发展的需求为出发点。基于此，本章以上海自贸试验区为例，构建制度创新的指标体系，研究宏观层面自贸试验区制度创新对微观层面企业发展的影响效应。

　　综观目前国内外关于自由贸易区制度创新与企业发展的文献，其主要集中在以下四个方面：

　　整体制度方面。Yoder(2007)指出，自贸区是各国在探索区域经济一体化中的一种表现形式，自贸区的设立为区域范围内企业提供了优越的国际贸易环境，促进了商品的国际流通，也推进了区域经济一体化的进程。刘晔和陆夏(2014)分析美国自贸区的模式和经济效应后发现，企业从自贸区获得的正向经济效应主要来自倒置关税情况下的关税减让、海关库存控制效率的提高、免征出口关税、区对区转移关税延迟等税收优惠政策等方面。孙玉等(2014)选取多项财务指标作为解释变量，构建多元回归模型研究自贸试验区成立对上海本地企业价值的影响，发现上海自贸试验区的设立更能提升成长性好、上市期短的本地企业价值。赵晓雷(2017)认为，自贸试验区通过多方面的制度创新为企业创造良好的营商环境，从而加快了企业发展。

投资制度方面。江若尘(2014)认为，负面清单为核心的投资开放制度创新放宽了市场准入条件，是实现"投资自由"重要前提；登记备案和重点监管相结合的管理方式，减轻了企业面对政府管理的寻租可能性，降低了企业的新设成本及经营成本。许瑞生(2015)通过研究发现，在负面清单模式下，政府职能发生了根本性转变，对市场的监管由事前审批逐步转为事中事后监管。事中事后监管制度有利于形成良好的信息流和资源流，从而降低企业运营成本和政策风险。

贸易制度方面。江若尘和陆煊(2014)认为，贸易创新制度，通过高效、规范的海关监管政策和简化、便捷的通关手续，加速要素跨境流动，节省自贸试验区内企业的交易成本；陈希等(2017)研究了上海自贸试验区外汇管制放松对跨国企业离岸贸易的影响，发现外汇管制放松将显著促进离岸贸易额的增长，而且对离岸贸易的增量效应明显大于对一般贸易的替代效应。

金融制度方面。廖永泉(2016)研究发现，自贸试验区内的金融创新以信贷市场和资本市场为载体，通过汇率市场化、利率市场化、经常项目和资本项目下人民币可兑换等措施，间接或直接地优化企业融资；谢宝剑等(2016)研究认为，金融制度创新为区内企业提供了宽松、自由、开放的外汇制度安排和金融服务安排，提升了企业运营的便利性，尽可能地降低国际贸易与投资的汇兑风险和汇兑成本。同时，金融服务业的开放为企业融资扩宽了渠道，有利于降低融资成本。

7.2 上海自贸试验区制度创新测度

本章基于国内外各种形式的自贸区绩效评价研究,结合国家对上海自贸试验区的战略定位、建设目标和创新措施,以及区内企业经营对自贸试验区制度创新的需求,在可获得数据的基础上尽可能构建符合上海自贸试验区的制度创新评价指标。

7.2.1 潜在变量的显性化问题

制度创新是无法直接观测的潜在变量,量化研究制度创新的前提是科学地将其显性化,即用可观测的显性变量进行测量。显性变量通常是反映性指标,即作为效果指标。例如,自贸试验区制度创新中的投资开放创新无法直接观测,但可以用实际利用 FDI 与企业经营总收入的比例,即外资依存度来反映投资开放制度创新的效果。在自贸试验区制度创新的量化研究中,投资开放、贸易便利、金融改革、市场监管等方面的制度创新往往不能被直接、准确地测量,本章将在数据可得性的前提下,尽可能寻找反映制度不同方面创新的显性变量来评价制度创新,由此形成客观、全面和可信的自贸试验区制度创新综合指数。

7.2.2 制度创新评价指标体系构建

根据上海自贸试验区的制度创新体系,从投资开放创新、贸易便利创新、金融改革创新和市场监管创新四个方面来评价自贸试验区制度创新的相对质量与有效程度。在构建自贸试验区制度创新评价指标体系的过程中，考虑：（1）所选指标尽可能准确地反映制度创新的某一方面。（2）所选指标必须是可观测的，而且能够在现实中取得数据。舍弃缺乏数据来源或可信程度较低的指标，保持客观性原则。（3）为使所选指标具有可比性，统一构建比值或百分比数据。（4）在数据可获得性的基础上，尽可能保证制度创新评价指标体系的完整性。具体评价指标体系如表 7.1 所示：

表 7.1　自贸试验区制度创新评价指标体系

类　别	指标名称	指标含义	计算表达式
监管制度创新	负面清单管理 f_1	负面清单管理是自贸试验区重要的管理模式创新，也界定了政府的监管权力和监管透明度	本期特别措施数量的倒数
投资制度创新	服务业开放度 f_2	扩大服务业开放是自贸试验区投资制度创新的重要领域，服务业开放度反映了投资制度环境改善程度	来源于裴长洪、刘洪愧（2017）基于 Hoekman 频度分析法对上海自贸试验区服务业开放程度指数的测算结果
	外资依存度 f_3	实际利用外资情况反映了投资开放创新的程度	实际利用 FDI／经营总收入
贸易制度创新	通关效率 f_4	贸易便利化措施实施以来节省的通关时间反映贸易便利创新	来源于上海美国商会贸易环境满意度调查报告的问卷结果处理
	关税成本 f_5	自贸试验区贸易的单位关税成本变化反映贸易开放创新	自贸试验区海关税收与自贸试验区进出口总额比值的倒数
金融制度创新	结算便利 f_6	人民币跨境结算便利反映自贸试验区金融开放创新	跨境人民币结算总额／外贸进出口总额
	融资便利 f_7	融资便利反映自贸试验区金融方面的契约执行制度等创新	金融机构贷款总额／经营总收入

7.2.3 制度创新指数测算

1. 数据收集

上海自贸试验区制度创新指数测算涉及自贸试验区层面数据、浦东新区层面数据和上海市层面数据。数据来源于《上海统计年鉴》《上海浦东新区统计年鉴》《上海经济年鉴》和《上海美国商会贸易环境满意度调查报告》等。鉴于上海自贸试验区于 2013 年 9 月成立,本章选取考察年限为 2014—2016 年。考虑到 2015 年上海自贸试验区扩大试验区域范围,将扩区前的陆家嘴金融贸易区、金桥出口加工区、张江高科技园区和综合保税区的经济数据汇总成自贸试验区经济数据,以保持扩区前后统计范围的一致性。具体变量及数据来源如表 7.2 所示。

表 7.2　自贸试验区制度创新评价指标体系的具体变量及资料来源

变　量	单　位	资料来源
负面清单特别措施	条	上海经济年鉴 2014—2017
自贸试验区实际利用 FDI	亿美元	上海浦东新区统计年鉴 2014—2017
自贸试验区经营总收入	亿元	
自贸试验区进出口总额	亿美元或亿元	
自贸试验区海关税收	亿元	
跨境人民币结算总额	亿元	上海统计年鉴 2014—2017
金融机构贷款总额	亿元	

2. 指数测算

制度创新指标测算采用因子分析法。因子分析以丢失最少的信息为原则,从包含多指标的变量群中提取共性因子,合成几个具有代表性的指标,根据方差贡献程度加权得到总指数。运用 SPSS 进行因子分析,提取到两个公共因子,估计得到因子得分函数:

$$F_1 = 0.071f_1 - 0.020f_2 + 0.279f_3 + 0.027f_4 + 0.448f_5 - 0.324f_6 - 0.284f_7$$

$$(7.1)$$

$$F_2 = 0.178f_1 + 0.274f_2 - 0.068f_3 + 0.225f_4 - 0.305f_5 + 0.547f_6 + 0.075f_7$$

$$(7.2)$$

以因子的方差贡献程度为总指数的权数：

$$F = 0.543F_1 + 0.457F_2 \qquad (7.3)$$

测算结果如表 7.3 所示。

表 7.3　自贸试验区制度创新指数测算结果

潜在变量	观测变量	2014 年	2015 年	2016 年
监管制度创新	负面清单管理 f_1	0.526 3	0.719 4	0.819 7
投资制度创新	服务业开放度 f_2	0.123 1	0.460 0	0.542 3
	外资依存度 f_3	0.345 3	0.445 7	0.653 2
贸易制度创新	通关效率 f_4	0.450 0	0.690 0	0.780 0
	关税成本 f_5	1.185 2	1.157 3	1.617 1
金融制度创新	结算便利 f_6	0.556 3	0.711 5	0.654 6
	融资便利 f_7	1.971 7	1.891 8	1.719 8
自贸试验区制度创新指数		0.617 2	0.727 0	0.812 1

7.3　上海自贸试验区制度创新对企业发展的实证研究

7.3.1　样本数据选取与说明

本节在进行自贸试验区制度创新影响企业发展的实证研究时，鉴于数据可得性和可靠性，将选取上海自贸试验区内 A 股上市公司为研究样本。以上海自贸试验区扩区后的范围为统计口径，并且在自贸试验区成立前已上市，上市公司总计 69 家，包括 52 家国有企业和 17 家非国有企业。69 家上市公司经过样本数据筛选和缺失值剔除，参与实证分析的为其中的 59 家，具体包括荣丰控股、美邦服饰、中远海科、摩恩电气、百润股份、良信电器、开能环保、上海机场、上港集团、中远海能、国投资本、上海梅林、中视传媒、开创国际、上汽集团、东方航空、长江投资、上海建工、创兴资源、东方创业、浦东建设、振华重工、中化国际、上海能源、云赛智联、汇通能源、鹏起科技、丰华股份、金枫酒业、华鑫股份、申达股份、大众公用、浦东金桥、万业企业、爱建集团、同达创业、外高桥、锦江投资、强生控股、陆家嘴、天地源、上海三毛、光明地产、上实发展、耀皮玻璃、兰生股份、百联股份、申通地铁、上海机电、上工申贝、宝信软件、同济科技、张江高科、环旭电子、上海医药、中远海发、招商轮船、龙宇燃油、华贸物流。

59 家样本企业在上海自贸试验区挂牌前均已在区域内展开经营活动,因此本节的实证分析中不涉及自贸试验区原有企业和新增企业的差别。样本企业按属性可划分为 43 家国有企业和 16 家非国有企业;按产业性质可划分为 34 家第三产业企业和 25 家非第三产业企业;按行业可划分为 11 家房地产及建筑类企业、11 家交通运输行业企业、10 家贸易类企业、17 家制造业企业、10 家其他行业企业。涉及的企业相关数据均来自国泰安 CSMAR 经济金融研究数据库,上海自贸试验区制度创新指数来自前文测算。数据的时间跨度为 2014—2016 年(上海自贸试验区成立于 2013 年,建立之初前三年的政策效应最为明显)。

7.3.2 模型构建

1. 自贸试验区制度创新与规模扩张

假设 1:自贸试验区制度创新促进企业投资,扩大企业规模,有利于企业发展。

针对假设 1,首先选用托宾 Q 投资模型检验自贸试验区制度创新对企业投资的影响,即对企业投入的影响。在此基础上,将企业成长性作为被解释变量,通过与制度创新指数和企业特征控制变量的回归,检验自贸试验区制度创新对企业产出的影响效应。

利用托宾 Q 投资模型(陈松炜,2012)来考察自贸试验区制度创新是否会扩大企业扩大投资进而促进企业发展。模型设计如下：

$$\frac{I_{i,t}}{K_{i,t-1}}=\alpha_0+\alpha_1 Inst_t+\alpha_2 Q_{it}+\frac{\alpha_3 CF_{it}}{K_{i,t-1}}+\alpha_4 Lev+\alpha_5 X_{it}+Yr+u_i+\varepsilon_{it} \quad (7.4)$$

托宾 Q 投资模型下，当资本调整存在成本的情况下，企业的投资水平取决于投资机会即边际 Q，但边际 Q 无法被直接观测，托宾(Tobin，1968)利用资本市场的估值来计算均值 Q 作为边际 Q 的代理变量。托宾 Q 值反映了投资机会，体现了市场对企业发展的预期。一般来说，托宾 Q 值＝总资本的市场价值/总资本的重置成本。本节采用国泰安 CSMAR 经济金融研究数据库计算的上市公司的托宾 Q 值，即托宾 Q 值＝市值/(总资产－无形资产净额－商誉净额)。本节以企业在当期的投资率 $I_{i,t}/K_{i,t-1}$ 衡量企业投资水平。考虑到当面临融资约束时，现金流充裕程度会影响企业投资，另外债务积压问题可能会使企业错失投资机会，导致投资不足，因此控制了营业现金流 $CF_{it}/K_{i,t-1}$ 和负债率 Lev。X_{it} 为其他企业特征变量；Yr 为年份虚拟变量，控制时间效应；u_i 表示个体效应，控制不随时间变化的非观测效应；ε_{it} 表示误差项。该模型重点考察，在其他条件不变的情况下，自贸试验区制度创新能否帮助企业提高投资水平。假如 $Inst_t$ 的估计系数 α_1 显著为正，则自贸试验区制度创新能促进企业提高投资水平。

企业扩大投资，是为实现企业规模的持续成长和企业发展。关于自贸试验区制度创新与企业成长的计量模型设计如下：

$$Grow_{it}=\alpha_0+\alpha_1 Inst_t+\alpha_2 X_{it}+Yr+u_i+\varepsilon_{it} \quad (7.5)$$

其中，$Grow_{it}$ 为企业成长的代理变量，即企业营业收入增长率，$Inst_t$ 为自贸试验区制度创新指数，X_{it} 为企业特征变量；Yr 为年份虚拟变量，控制时间效应；u_i 表示个体效应，控制不随时间变化的非观测效应；ε_{it} 表示误差项。自贸试验区制度创新变量 $Inst$ 的系数 α_1 是重点关注的参数，它反映了自贸试验区制度创新对区内企业成长的影响效应。

2. 自贸试验区制度创新与效率提升

假设 2：自贸试验区制度创新促进企业效率提升，有利于企业发展。

制度创新带来的制度环境改善，一方面可以促进企业投资，扩大规模；另一方面可以降低交易成本，改善效率，实现企业发展。企业的发展离不开资本、劳动等要素投入，因此，要素生产率是企业效率的重要体现。关于自贸试验区制度创新与要素生产率的计量模型设计如下：

$$Y_{it} = \alpha_0 + \alpha_1 Inst_t + \alpha_2 X_{it} + Yr + u_i + \varepsilon_{it} \tag{7.6}$$

其中，Y_{it} 代表企业生产率，本节以资本生产率 V_t/K_t 和劳动生产率 V_t/L_t 作为代理变量，其他变量含义同上。自贸试验区制度创新变量 $Inst_t$ 的系数 α_1 若在回归结果中显著为正，则表明自贸试验区制度创新改善了企业要素生产率。

3. 自贸试验区制度创新与企业价值

假设 3：自贸试验区制度创新有助于提升企业价值。

自贸试验区制度创新旨在改善制度环境，通过为企业营造良好的发展环境，增强企业投资信心，扩大企业规模；同时，降低企业外部交易成本，提升企业经营活动效率，从而促进企业可持续发展。自贸试验区成立及其推行的制度创新对自贸试验区内企业是重大利好的，大力的政策支持使得市场对区内企业发展形成良好的预期，从而反映了企业价值的提升。关于自贸试验区制度创新与企业价值的计量模型设计如下：

$$\ln EV_{it} = \alpha_0 + \alpha_1 Inst_t + \alpha_2 X_{it} + Yr + u_i + \varepsilon_{it} \tag{7.7}$$

其中，$\ln EV_{it}$ 代表企业价值，其他变量含义同上。

7.3.3 基准回归结果

模型设定检验表明，固定效应回归是较为合理的估计方法，本节将其作为主要的回归策略。进行 59 家 A 股上市公司的全样本回归，实证考察了制度创新对企业发展不同方面的影响。基本回归模型汇总结果如表 7.4 所示。

表 7.4　基准回归结果汇总

变　量	(1) Invest	(2) Grow	(3) V/K	(4) V/L	(5) ln EV
Inst	2.248 4*	1.688 9*	0.473**	0.364	0.523***
	(1.192)	(1.005)	(0.193)	(0.447)	−0.123
Tobin'Q	0.245				
	(0.202)				
ln Asset	1.334*	−0.124	0.016 3	0.673	0.015 4***
	(0.740)	(0.560)	(0.145)	(0.473)	(0.004 61)
CF	0.093 0	0.178	0.064 4	0.423	0.003 81
	(0.087 2)	(0.119)	(0.241)	(0.336)	(0.003 57)
Lev	−0.880	1.898	−0.680	0.272	−0.040 3**
	(2.622)	(1.909)	(0.439)	(0.703)	(0.019 2)
K/L	0.200	0.389	0.074 3**	0.058 5	−0.001 14
	(0.227)	(0.335)	(0.030 8)	(0.089 8)	(0.001 88)
H10	−0.303	3.185*	0.342	−1.578	0.126***
	(2.612)	(1.868)	(0.326)	(2.232)	(0.029 9)
Company FE	Yes	Yes	Yes	Yes	Yes
Year FE	Yes	Yes	Yes	Yes	Yes
观测值	177	177	177	177	177
R^2	0.132	0.218	0.237	0.139	0.639
公司数量	59	59	59	59	59

注：回归系数下方括号数值为对应估计的 $t(z)$ 统计量，***、** 和 * 分别代表 1%、5% 和 10% 的显著性水平。

（1）自贸试验区制度创新与企业投资。为了缓解遗漏变量问题，在标准托宾 Q 投资模型的基础上，我们控制了企业规模、营业现金流、负债率、资本劳动比和股权集中度等企业特征变量，并通过固定效应回归控制年份效应和企业个体效应的非观测因素。自贸试验区制度创新与企业投资的回归模型估计结果如表 7.4 第 1 列所示。回归结果显示，自贸试验区制度创新指数在 10% 水平上显著为正，制度创新在一定程度上促进了区内企业投资，也表明区内企业比区外企业有更高的投资水平。也就是说,自贸试验区制度创新带来了制度环境改善,有利于减轻限制企业投资与发展的体制性障碍,促进企业扩大投资水平,实现规模扩张。此外,控制变量的回归系数显示,只有资产规模在10%显著性水平上对企业投资具有正向影响。企业规模越大,越能促进企业投资;这是因为资产规模越大的企业,大多属于重资产企业,因此具有一定的投资惯性。

(2)自贸试验区制度创新与企业成长。自贸试验区制度创新与企业成长的回归模型估计结果如表7.4第2列所示。与企业投资回归结果类似,自贸试验区制度创新指数在10%水平上对营业收入增长率具有显著的正向影响。自贸试验区制度创新对企业发展的规模扩张效应得到了再一次的验证,自贸试验区制度创新有助于企业扩大投资,并最终促进了企业经营收入增长,实现规模扩张和企业成长。企业扩大投资,用于增加生产要素投入,或者提高生产活动的效率,从而促进企业生产的可持续进行和高效率运转,最终反映在企业营业收入的持续增长。此外,控制变量的回归系数显示,只有前十大股东持股比例对企业成长性的影响在10%水平上显著为正。股权集中度相对较高的企业,其企业经营决策的效率也相对更高,因此对企业经营业绩有一定的正向影响效应。

(3)自贸试验区制度创新与要素生产率。自贸试验区制度创新与要素生产率的回归模型估计结果如表7.4第3列和第4列所示,其中,第3列对应于资本生产率,第4列对应于劳动生产率。从固定效应回归的结果来看,自贸试验区制度创新对资本生产率V/K的影响在5%水平上显著为正,但与此同时,自贸试验区制度创新对劳动生产率V/L的影响不显著。一方面,自贸试验区制度创新对资本生产率具有正向效应,但对劳动生产率影响不显著,主要是由于目前上海自贸试验区内上市企业处在资本驱动发展阶段。另一方面,自贸试验区制度创新关于投资方面的政策措施更为集中,如实行内资外投备案制,放松了对内资企业在境外投资的限制,有利于企业在全球寻找最优的资产配置,提高企业的资本转化效率。与此相对,上海自贸试验区在人才引进方面的政策创新力度相对较小。

（4）自贸试验区制度创新与企业价值。自贸试验区制度创新与企业价值的回归模型估计结果如表 7.4 第 5 列所示。自贸试验区制度创新指数在 1％水平上对企业价值具有显著的正向影响，比自贸试验区制度创新指数与企业投资、企业成长及要素生产率的回归系数都更为显著，说明相较于促进企业投资扩大规模、提升经营收入和要素生产率，自贸试验区制度创新更大程度上提高了市场对企业未来经营活动的良好预期。自贸试验区内一系列的制度创新措施安排最终目的是为微观企业营造自由、开放、公平、高效的营商环境，促进企业的持续发展。同时，政策支持使得市场对自贸试验区内企业发展形成良好的预期，从而反映了企业价值的提升。

7.3.4　异质性检验

基准回归结果发现，自贸试验区制度创新确实对企业发展存在多方面的促进作用，尤其是对企业价值存在显著的正向效应。制度环境的改善使得企业拥有制度资源优势，相较于区外企业，形成了独特的比较优势。那这种效应是否具有异质性呢？以下通过分样本检验自贸试验区制度创新对企业发展影响的企业规模异质性和行业异质性。基准回归结果证明了用固定效应模型对自贸试验区制度创新与企业发展的实证检验是合理有效的，因此，异质性检验的分样本实证分析也采用固定效应模型进行回归。此外，鉴于基准回归显示自贸试验区制度创新对资本生产率和企业价值的影响最为显著，异质性检验模型均采用资本生产率和企业价值作为被解释变量。

1. 规模异质性检验

企业规模的划分标准繁杂多样，本节采用企业所处年度所有企业总资产的中位数作为划分标准，大于中位数为大型企业，小于等于中位数为中小型企业。表 7.5 是按照企业规模分组检验自贸试验区制度创新作用于企业发展的影响结果。

表 7.5　规模异质性检验结果

变量	中小型企业		大型企业	
	(1)	(2)	(3)	(4)
	V/K	$\ln EV$	V/K	$\ln EV$
$Inst$	0.263	0.954***	0.496**	0.026 2
	(0.414)	(0.138)	(0.236)	(0.018 0)
$\ln Asset$	0.025 1	0.019 3***	0.045 5	0.022 0***
	(0.266)	(0.006 75)	(0.132)	(0.007 94)
CF	−0.040 9	0.002 65	0.236	0.005 48
	(0.173)	(0.005 84)	(0.178)	(0.003 43)
Lev	−0.497*	−0.043 3**	0.291	−0.087 6**
	(0.271)	(0.016 1)	(0.620)	(0.039 2)
KL	0.034 1	0.005 15*	0.071 3*	−0.000 366
	(0.061 6)	(0.002 67)	(0.035 5)	(0.001 16)
$H10$	−0.215	0.138***	0.611*	0.141***
	(0.894)	(0.047 6)	(0.316)	(0.048 3)
Company FE	Yes	Yes	Yes	Yes
Year FE	Yes	Yes	Yes	Yes
观测值	90	90	87	87
R^2	0.265	0.806	0.284	0.712
公司数量	30	30	29	29

注:回归系数下方括号数值为对应估计的 $t(z)$ 统计量,***、**和*分别代表1%、5%和10%的显著性水平。

从企业规模的比较来看,自贸试验区制度创新对不同规模企业的主要影响效应不同,且影响的程度存在差异。对中小型企业发展的影响主要体现在,自贸试验区制度创新在1%的显著性水平下存在对企业价值提升的正向作用,与此同时,对大型企业发展的影响体现在,自贸试验区制度创新在5%的显著性水平下对企业的资本生产率有正向效应。也就是说,自贸试验区制度创新对企业发展的促进作用对于大型企业而言,更多的是促进资本生产率的提高,但对中小型企业的影响在于促进企业价值的增长。

相比大型企业而言，中小型企业面临更大的经营风险和不确定性，企业发展更需要良好制度环境保障。大型企业通常已经很好地适应当下的制度环境，一般来说，其已建立自身的政府关联，拥有更便利的融资条件等。中小型企业由于规模体量较小，用于持续经营的投资需要借助外部融资，但中小型企业的融资难度相对较大，因为其可抵押品较少、信息透明度较低，所以外部融资渠道较窄，且融资成本相对较高。融资约束限制了企业经营的再投资，企业持续发展资源的获取难度大、渠道窄、成本高。因此，制度创新带来的制度环境改善对中小型企业发展更为重要，影响效应更为明显。

2. 产业异质性检验

由于样本数量有限，行业异质性检验用产业异质性检验代替，以 2017 年《国民经济行业分类》为划分标准，将样本企业分为两类：第三产业和非第三产业。按照产业分组检验自贸试验区制度创新作用于企业发展的影响结果如表 7.6 所示。从产业异质性分析来看，自贸试验区制度创新对第三产业企业和非第三产业企业的影响都显著为正。比较发现，第三产业企业同时受到资本生产率提升和企业价值提升的影响，而非第三产业企业主要是受到价值提升效应，并且比第三产业受到的价值提升效应系数更大，效应更为明显；表明了自贸试验区制度创新对不同产业企业发展的影响确实存在差异。一方面，自贸试验区投资领域制度创新促进了 FDI 进入，且由于服务业为重点扩大开放产业领域，因此，服务业 FDI 促进作用更为明显。但由于 FDI 进入初期，对内资企业形成的竞争压力明显，而模仿学习效应相对需要时间，因此，现阶段自贸试验区制度创新对服务业企业发展的影响效应稍弱于非服务业企业。

另一方面，贸易制度创新促进要素跨国流动，其中，对商品流动的促进作用最为直接，而对资金流动、人力资本流动的促进作用相对较小。此外，第三产业企业涉的贸易是以服务贸易为主要形式的，非第三产业企业活动主要涉及货物贸易，因此，非服务业受到的贸易便利化的正向影响更为明显。

表7.6 产业异质性检验结果

变量	第三产业		非第三产业	
	(1)	(2)	(3)	(4)
	V/K	ln EV	V/K	ln EV
Inst	0.712**	0.479***	0.244	0.624***
	(0.315)	(0.168)	(0.462)	(0.213)
ln Asset	−0.083 5	0.014 8***	0.229	0.008 51
	(0.095 9)	(0.004 02)	(0.384)	(0.015 6)
CF	0.151	0.001 51	0.084 6	0.006 34
	(0.204)	(0.005 67)	(0.142)	(0.005 14)
Lev	0.054 9	−0.075 1***	−0.772	0.000 618
	(0.373)	(0.015 1)	(0.567)	(0.044 0)
KL	0.067 5*	−0.000 559	0.049 9	−0.001 32
	(0.037 0)	(0.002 20)	(0.049 6)	(0.010 4)
H10	0.593	0.137***	−0.936	0.123
	(0.374)	(0.031 8)	(0.828)	(0.074 1)
Company FE	Yes	Yes	Yes	Yes
Year FE	Yes	Yes	Yes	Yes
观测值	102	102	75	75
R^2	0.205	0.734	0.124	0.518
公司数量	34	34	25	25

注:回归系数下方括号数值为对应估计的 $t(z)$ 统计量,***、** 和 * 分别代表 1%、5%和10%的显著性水平。

7.4 研究结论

本章选取上海自贸试验区及区内上市公司为研究对象,研究分析了上海自贸试验区制度创新对企业发展的影响效应,并进行了异质性检验。本章将难以直接观测的制度创新显性化,采用一系列反映投资开放、贸易便利、金融改革、市场监管等方面自贸试验区制度创新的可观测的显性变量，构建自贸试验区制度创新评价指标体系。基于 2014—2016 年上海自贸试验区制度创新运行情况和经济运行数据，通过因子分析测算得到自贸试验区制度创新指数。在自贸试验区制度创新显性化处理的基础上，本章设计了基准回归模型，选取了上海自贸试验区内 59 家上市公司作为样本，运用面板数据的固定效应回归，验证上海自贸试验区制度创新对企业发展的影响；再根据分样本回归，基于企业异质性视角进一步分析，得出以下研究结论。

7.4.1　自贸试验区制度创新对企业发展的影响

（1）规模扩张效应分析结果显示，自贸试验区制度创新对企业投资率和营业收入增长率的正效应较为显著。自贸试验区制度创新带来制度环境改善，有利于减轻限制企业投资与发展的体制性障碍，促进企业扩大投资，最终促进企业的规模扩张和成长。

（2）效率提升效应分析结果显示，自贸试验区制度创新对资本生产率的影响显著为正，但对劳动生产率的影响不显著，这一定程度上说明目前上海自贸试验区内上市企业处在资本驱动发展阶段。同时，自贸试验区制度创新在人才引进方面的政策创新力度相对较小，因此，其对劳动要素影响不够明显。

（3）企业价值增长效应分析结果显示，自贸试验区制度创新对企业价值具有显著的正向作用。自贸试验区内企业因为位于更好的制度环境，享有特殊制度安排而获得一定的比较优势，有利于促进企业规模增长和持续发展。同时，政策支持使得市场对区内企业未来发展形成良好的预期，从而反映了企业价值的提升。

7.4.2　自贸试验区制度创新对企业发展的规模异质性和产业异质性

（1）规模异质性检验结果显示，自贸试验区制度创新对中小型企业发展的影响显著为正,但对大型企业的影响不显著。相比大型企业而言,中小型企业面临更大的经营风险和不确定性,企业发展更需要相应良好的制度环境保障,制度创新带来的制度环境改善对中小型企业发展更为重要。对大型企业而言,更应关注企业价值的提升,以消除规模异质性带来的影响。

(2)产业异质性检验结果表明,自贸试验区制度创新对第三产业企业和非第三产业企业的影响都显著为正,但影响程度略有差异。自贸试验区制度创新推行时间较短,现阶段投资制度创新促进 FDI 进入,对内资企业发展形成竞争压力,此外,贸易便利化直接促进了商品要素流动,因此,非服务业受到的制度创新正向影响相比之下更为明显。但是长期而言,服务业企业受到的影响将逐步加强,产业异质性也将逐步消除。

目前,中国正在构建国内国际双循环相互促进的新发展格局。作为新时代改革开放的新高地,上海自贸试验区是链接"双循环"的重要平台和关键节点,也是促进"双循环"新格局形成的重要抓手和有力支撑。自贸试验区将进一步深化制度创新。通过制度创新带来的制度环境边际优化将形成更为有效的激励、约束和协调机制,激发企业的创造性和积极性,优化资源配置效率,提高企业的经济绩效,最终推动企业可持续发展。

第8章

上海自贸试验区服务贸易创新发展的探索：
区域和数字经济的视角

服务贸易已经成为推动经济高质量发展的重要引擎，但是目前也存在诸多不容忽视的问题。其主要体现在服务贸易逆差逐年扩大、低附加值锁定、新兴服务业出口占比低、服务贸易结构不合理、创新发展遇阻、区域发展不平衡等方面。在这样的背景下，找准新的经济增长点，挖掘新的战略机遇成为推动服务贸易升级的核心问题。数字经济作为中国经济发展中最为活跃的领域，与经济社会各领域融合的广度和深度不断拓展，在激发消费、拉动投资、创造就业等方面发挥着重要作用。从国际视角来看，世贸组织发布《2020年世界贸易报告》，聚焦促进数字时代创新的政策。该报告指出，越来越多的政府采取了促进经济创新和技术进步的政策，这一趋势对贸易和规则产生了影响，新冠肺炎疫情也加速了电子商务和数字化创新。2021年9月发布的《中国互联网发展报告2021》显示，2020年，中国数字经济规模达到39.2万亿元，占国内生产总值的比例达38.6％，保持了9.7％的高位增长速度，成为稳定经济增长的关键动力。中国数字经济总量已跃居世界第二，成为引领全球数字经济创新的重要策源地。可以预见，随着中国数字经济结构的不断优化，以及数字经济与各个行业的渗透融合，数字经济对服务贸易的拉动作用将会愈发凸显，并将从根本上改变服务贸易的范围、特征和重要意义。

综观服务贸易在国内的区域发展情况,长三角地区作为"一带一路"与长江经济带的重要交汇地带,凭借良好的区位优势和较高的对外开放度,在服务贸易领域取得快速发展。其中,上海、南京、杭州等主要城市对服务贸易发展的引擎作用尤为突出。特别是,长三角三省一市,即沪苏浙皖相继成立了自贸试验区,因此,无论从推进国内服务贸易业的总体发展,还是从自贸试验区创新发展服务贸易,都有必要对数字经济促进服务贸易发展这一问题进行深入研究。

本章将研究主题聚焦于数字经济促进服务贸易发展,在深入剖析数字经济对服务贸易发展影响机理的基础上,结合长三角地区主要城市实践发展现状和特点,提出关于数字经济如何更为有效地促进服务贸易发展的政策建议,从区域和数字经济视角为上海自贸试验区服务贸易创新发展进行理论探索。

8.1 文献综述

数字技术的应用凭借其高效处理大规模数据信息、准确发现多样化需求、实现供需双方快速匹配、大幅降低交易成本等多方面的优势,在全面推动形成新的数字经济的同时,更深度地推动了服务贸易的数字化发展,针对服务贸易"数字化"的深刻变革,国内外理论与实践领域高度关注,并基于数字经济促进服务贸易发展的诸多影响因素视角,产生了许多关于数字经济促进服务贸易发展的文献和相关研究成果。

8.1.1 关于数字服务贸易新模式方面的研究

国内外学者普遍认为数字技术的应用极大地改变了服务贸易发展模式,推动了数字服务贸易新模式的产生。在数字技术应用推动数字服务贸易新模式方面具有代表性的成果有：Feketekuty(1988)提出,信息技术革命从根本上改变了服务贸易的范围、特征和重要意义。王拓(2018)认为,"数字技术的应用推动了跨境数据流动,降低了信息共享成本,将价值链上的不同参与者相互连接起来,同时也改变了服务的生产和交付方式,继第一阶段的传统贸易和第二阶段的全球价值链贸易之后,出现了第三阶段的数字贸易"。李忠民和周维颖(2014)认为,数字经济是信息化技术与社会经济高度融合的产物,而数字贸易是数字经济的重要组成部分,数字贸易主要是指通过互联网谈判交付达成的货物和服务的贸易活动,与传统的国际贸易相比,数字贸易以互联网为基础,为买卖双方提供所需的数据信息,形成了以数字化信息为交易标的的商业模式革新。

8.1.2　关于服务贸易交易内涵和要素创新方面的研究

马述忠和潘钢健(2020)通过对全球数字贸易对跨境电子商务发展迭代进程的系统梳理,总结了两者之间深层次的内在关系,并指出全球数字贸易具有贸易模式高度复合化、贸易环节高度扁平化、贸易主体高度普惠化、贸易标的高度多元化和智能制造高度常态化五大发展趋势。在全球数字贸易时代,几乎没有不可贸易的产品和服务,他们还强调指出,全球数字贸易并非只是简单的跨境交易活动,数字技术与传统产业的融合发展是以实现制造业智能化作为重要目标的。肖宇、夏杰长(2021)通过对数字贸易范畴梳理、规模估算及国际博弈的系统性研究发现,应该从培育完善的数字要素市场体系、加强电子商务领域双向开放、积极参与数字贸易规则制定、启动数字贸易统计体系建设以及健全数字贸易发展生态系统等方面入手,推动中国数字贸易高质量发展。岳云嵩和李柔(2020)构建了数字服务贸易的统计方法,构建指标比较了各国的竞争优势。全球数字服务贸易增长迅猛,正成为服务贸易增长的关键动力,推动全球贸易向服务化方向发展。张弨(2020)认为数字化因素可以促进服务贸易的出口,建议加快新基建,提升数字服务能力,构建数字贸易国内国际双循环。

8.1.3 关于数字贸易对全球贸易规则提出新需求方面的研究

Weber(2010)在其研究数字经济时代国际贸易规则的文章中提出,一般意义上,数字贸易是指通过互联网等电子化手段传输有价值的产品或服务的商业活动,数字产品或服务的内容是数字贸易的核心。余振(2020)在论文《全球数字贸易政策:国别特征、立场分野与发展趋势》中指出,未来全球数字贸易规则必将朝着更加自由、安全、标准的方向发展,中国应当以提高数字经济与贸易竞争力为核心,建设数字贸易大国,同时积极参与国际数字贸易规则的制定,提升在全球数字贸易治理中的话语权。

8.1.4 关于提升数字贸易竞争力方面的研究

国内许多学者在迎接数字经济发展、提升中国数字贸易竞争力对策方面进行了大量研究,主要有:吕延方等(2020)认为内需引致的中国服务业数字化增加值在总体上均高于外需,且大部分经济体多以简单参与的形式与中国进行数字服务贸易;中国服务业在数字全球价值链中的角色正由"数字化价值输入"逐渐转向"数字化价值输出",但其相对位置依旧较低;中国对发达经济体数字化中间品的进口依赖性有显著降低趋势,同时也成为多数经济体数字化中间品进口的主要来源国,在数字全球价值链中扮演着重要"枢纽"角色。王晓红等(2020)在系统总结中国数字服务贸易主要特征的基础上,认为应抓住全球数字经济和数字贸易快速发展及"一带一路"市场广阔等有利条件,充分利用中国数字基础设施不断完善、出口竞争力日益提升、数字产业基础雄厚和数字经济市场潜力巨大等优势,增强数字技术与产业、贸易的融合能力,推动数字贸易新业态、新模式发展和服务贸易企业数字化转型;同时,完善数字服务贸易政策促进体系,加强数字服务贸易国际合作机制,积极参与国际数字服务贸易规则制定。

　　通过对上述文献的梳理不难发现，数字经济与服务贸易之间的关系研究已经成为近年来备受关注的研究领域。但由于研究的目的和认知的不同，研究内容的侧重点也有所不同。整体来看，在服务贸易和数字经济研究取得一定成果的基础上，越来越多的学者关注到数字经济对服务贸易的影响，分析了数字技术的运用对服务贸易模式的影响，探讨了数字贸易对全球贸易规则提出的新需求，研究如何提升数字贸易竞争力等。

　　尽管目前的研究各具研究视角，在具体对象和研究内容上也各不相同，其形成的结论有些甚至存在矛盾，但认识到了数字经济作为技术革命与人类社会发展高度融合的产物，已经对经济业态、企业经营、消费者行为等产生颠覆性影响。数字经济是当前服务贸易转型的核心驱动因素之一，并且城市是数字经济和服务贸易发展的重要平台等方面是存在共识的，其中的研究思路和研究方法为本章提供了很好的借鉴。但同时，我们也发现了目前研究成果的不足之处，现有的研究文献大多围绕服务贸易数字化和数字服务贸易的一般理论和具体事实开展研究，但鲜有从理论机理上剖析数字经济影响服务贸易发展的作用机制，同时，尚未发现以具体地区的数据为样本实证，检验数字经济对服务贸易的影响。现有研究的不足就为本章的研究指明了方向。本章选择中国服务贸易最发达的地区之一，确保研究数字经济对服务贸易的影响更具代表性和针对性。长三角地区作为中国经济的重要增长极，其主要城市更是起着重要的引擎作用，因此，有必要围绕数字经济促进服务贸易交易方式创新、数字经济促进服务贸易市场创新、数字经济促进服务贸易组织创新、数字经济促进服务贸易产品创新等 4 个方面分析数字经济促进服务贸易创新发展的作用机理，聚焦长三角地区主要城市数字经济促进服务贸易发展的实际，通过构建实证模型、选取相关样本数据，实证检验数字经济促进服务贸易的效果，为实践发展提供相关的理论依据并提出政策建议。

8.2 数字经济促进服务贸易发展的机理研究

数字经济促进服务贸易发展的机理在于数字经济触发和支撑了服务贸易创新,从而产生增值效应。数字经济以数据或知识为重要生产要素,以数字技术为核心驱动力,以现代信息网络平台为重要载体,不断实现经济的数字化、网络化和智能化水平。这引发了商品和服务交易类别、交易标的分割和交易形式的创新。康瑾和陈凯华(2021)构建了数字经济自身创新发展形成的经济体系与传统创新发展经济体系的数字化的融合框架,刻画了数字经济对传统产业创新发展的作用机制。参考这个理论框架,数字经济促进服务贸易发展的机理在于促进服务贸易创新,进而实现增值效应,具体包括:第一,服务贸易交易方式创新实现交易成本降低;第二,服务贸易市场创新实现规模经济;第三,服务贸易组织创新实现要素精准配置;第四,服务贸易产品创新拓宽贸易边界。

8.2.1 数字经济促进服务贸易交易方式创新

数字经济发展促进服务贸易交易方式创新,减少服务贸易主体之间的交易费用。首先,在传统服务贸易发展方式下,交易双方从产生交易意愿到最终交易的实现需要花费大量的时间成本和经济成本。而随着以互联网等现代信息技术的出现,特别是数字经济的出现,使得服务贸易双方的交易模式出现了根本性的改变,从传统的线下交易逐步转为线上线下的多重模式,有效减少了服务贸易双方之间的信息搜寻和匹配成本。其次,服务贸易交易方式创新有效降低服务贸易过程中的支付文件成本,Dixon 发现这类成本占据整体贸易成本的 6% 左右,随着数字经济的出现和发展,其所依托的在线支付平台的发展,特别是第三方担保交易机制和支付功能的便捷化提高了交易成功的概率，减少了贸易风险，使得交易实现后的维护和损失成本得以减少（胡艺，2020）。再次，服务贸易交易方式创新使得服务贸易过程中的制度性遵循成本得以降低，传统服务贸易的一系列的审批程序耗费了众多的经济性成本，而数字经济的发展，使得政府治理模式逐步转向数字化治理，原先的多部门、多层级的审批环节借助现代信息技术得以在网络上适时完成，避免了因审批滞后而引发的交易失败和违规成本。最后，彭德雷（2014）认为在数字经济发展的环境下，服务贸易方式已打破了传统的市场边界，规避了可能存在的贸易壁垒和不合理的对待，从而降低了潜在的制度性遵循成本和风险损失，进而在总体上降低了服务贸易实现过程中的附加成本。

古典贸易理论认为，区域间贸易产生源于比较优势的存在，比较优势的出现和扩大会促进贸易的发展。在传统服务贸易融合数字经济后，供需双方沟通便捷且信息更加透明，使得更多的商品、服务及交易环节等显现比较优势，进而拓展服务贸易的深度和广度（朱贤强等，2020）。裴长洪等（2018）认为，数字经济所依托的互联网、云计算和大数据等现代信息技术，集聚了超规模的供需主体和相对完善对称的供需信息，使任何地域的服务贸易主体都可通过网络来获取、交换信息，这打破了传统服务贸易必须凭借特定的地域来作为市场交换实现的前提条件，从而降低了市场准入"门槛"、增加了贸易机会、缩减了中间环节和降低了交易费用。与此同时，数字经济的发展使得贸易产品或服务产生线上线下相结合的新交割形式和低廉的沟通成本，降低了传统经济形态下服务贸易协调、监督和通讯的成本等服务贸易交易方式创新的增值效应如图 8.1 所示。

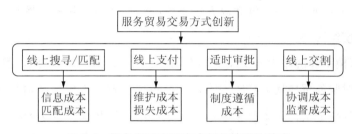

图 8.1　服务贸易交易方式创新的增值效应

8.2.2 数字经济促进服务贸易市场创新

一般认为,供给侧倾向于追求规模经济,而需求侧更加关注需求的个性化,为此,规模经济的效益会不断下降。新贸易理论认为,在满足需求差异化的前提下,凭借垄断竞争优势,可获得规模经济。

数字经济的发展可使服务贸易实现供给方规模经济、需求方规模经济和内部规模经济。首先,数字经济的发展可促使服务贸易主体的多元化,使服务贸易进入普惠阶段。即使位于弱势地位的小微企业,仍可通过虚拟互联网平台以低成本、专业化的方式进行货物和服务的输出,从而扩大服务贸易规模;此外,数字经济具有很强的技术属性,对产出具有直接影响(张小溪,2021),进而实现供给方规模经济。其次,从微观层面上来看,信息技术的发展使服务贸易企业呈现高固定成本和低边际成本的双重特征。其中,高固定成本表现为新市场开拓成本和采取补贴、免费等策略吸引消费者所耗费的成本,前者是一种沉没成本,在投入后无法作出改变,而后者的投入在数字经济网络外部性影响下表现为当消费者数量达到临界值时将会触发正反馈,产生新的消费用户,进而拓展市场范围,提高产品或服务供给者收益,从而实现需求方规模经济(荆文君、孙文宝,2019)。最后,数字经济的发展可以有效解决服务贸易供给者追求规模经济和满足消费者需求多样化之间的矛盾。数字经济所依托的大数据等技术可确保供给方及时感知、搜寻和分析消费者差异化的需求,使得服务贸易主体从被动营销到主动营销,满足个性化服务;并且供需双方信息流的畅通使贸易规模不断扩大,从而实现内部规模经济(史达,2004)。

此外,数字经济作为新型经济形态,其所产生的新的生产要素、服务运行和组织方式对服务贸易规模经济的实现具有重要影响。内生经济增长理论认为,技术进步是经济增长的主要驱动力(Grossman and Helpman,1990)。数字经济时代以互联网、大数据等现代信息技术积聚了海量的数据,使其成为经济发展的重要生产要素，数字经济与传统产业不断融合使得数据进一步参与生产的过程。在现代信息技术的推动下，信息及数据获取、处理和传播的能力和速度将实现根本性的转变。与此同时，该类生产要素易存储及低边际成本等特征有效解决了传统生产要素供给的难题，为传统行业的发展提供了新的参考，大大提升了生产效率。与此同时，数字化的发展使服务贸易企业在组织形式及管理模式等方面出现了新变革，服务贸易的数字化使得服务贸易企业内部沟通和管理成本的降低，这部分成本的节约和降低可使企业专注于市场竞争力能力的提升和专业化人才资源的培育，运营以及管理成本的降低、生产技术的进步和企业生产效率提升的可能性的提高，使得服务贸易企业在满足本地化或区域内市场需求的同时，不断谋求外部市场份额，从而实现行业内的规模经济。服务贸易市场创新的增值效应如图 8.2 所示。

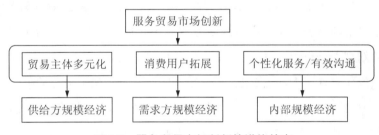

图 8.2　服务贸易市场创新的增值效应

8.2.3　数字经济促进服务贸易组织创新

数字经济所依靠的互联网、云计算和大数据等信息技术为服务贸易供需匹配提供了新的路径。在数字经济下，以数字科技为支撑的平台型组织，突破物理时空限制，营造交互渠道，实现虚拟空间和实体空间的联通。这种以信息技术驱动、网络协同、集成运营的新型产业组织形式，在互联网技术联通效应、集聚效应和辐射效应的助推下，促进了服务贸易产业发展中的资源整合和高效配置。此外,平台型等新产业组织,可有效地将繁琐的交易数据转换成有益的供需信息,提高供需匹配效率。数字经济的技术属性使得服务贸易中的海量信息在供需双方之间互通,缩减供需双方信息的搜寻成本,实现供需精准配置。服务贸易组织创新的增值效应如图8.3所示。

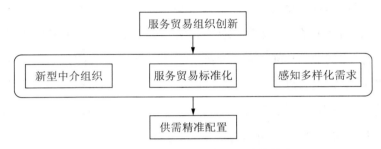

图8.3 服务贸易组织创新的增值效应

以数字技术为支撑的新型服务贸易中介组织为要素的高效配置提供了基础。数字经济的发展可能使得传统服务贸易中介逐步消失,催生了以数字技术为支撑的新型中介组织,该类贸易中介组织的形成和出现突破了传统服务贸易中介组织仅能实现买卖和信息匹配功能的界限,进而实现了资源的整合。王健、巨程晖(2016)、Ramsey 等(2003)认为,这类中介组织以庞大的社会关系网络和搜索引擎为基础,集市场交换者和买卖促成者角色于一体,不但能够适时且科学地集成相关服务贸易交易信息,而且可搜索、处理和整合分散的信息,进而推进市场进程并为服务贸易供需双方的适时交流提供便利基础,快速且高效地实现资源和要素的精准配置。

服务贸易与数字经济的融合,有利于服务贸易产业合理且高效地配置资源。将数字经济所依托的数字技术引入服务贸易,有利于实现服务贸易的标准化和全球范围内优势资源的配置。数字技术的发展能够快速集成市场上的众多需求和偏好信息,进而快速反馈至服务贸易的供给方,供给方再根据自身生产资料储备、生产能力和已有库存,精准且科学地安排采购、生产及储运,避免资源的错配和闲置浪费(罗钢、黄丽华,2007)。与此同时,数字经济使得服务贸易供给方能够及时搜集、感知需求方的多样化需求,在数字技术的支撑下能够提前布局相关服务设计环节,缩减其市场反应时间和成本,进而避免将稀缺的资源闲置或错配至不能给其带来收益的环节,提高生产要素的科学合理配置。

8.2.4　数字经济促进服务贸易产品创新

数字经济的发展加快了传统服务贸易产业的数字化、智能化和高端化步伐,促使服务贸易结构优化和效率提升(曹正勇,2018)。数字技术的发展不但创造了新的服务行业,而且能够改造已有的服务贸易形态,进而扩增服务贸易内容。例如,以数据作为关键要素的信息跨境流动形成了新兴数字贸易。此外,数字技术的发展使得服务贸易升级了服务贸易的交易手段,提升了效率和水平。朱贤强等(2020)认为,在传统服务贸易中,服务贸易全部流程包括签约、商谈和支付等程序必须有人工参与,交易效率低和出错频率很高,并且受到时间的限制。而数字技术的发展使得交易全程可以在线上快速实现,极大增强了企业处理此类业务的灵活性和便捷性,也增强了服务贸易的透明性。数字技术的发展为服务贸易在东道国设立商业机构提供服务给予了可能和便利,使其能够及时发现东道国地区消费者的消费习惯,进而及时反馈至供给层面,拓展了服务贸易的可能空间范围和自然人流动服务,例如,跨国医疗、在线教育和跨境电商的广泛出现。

在数字科技的支撑下,服务贸易产业内产品或服务的品种协调和企业间的分工协作会降低差异化成本,究其根本,在于数字经济发展提升了服务贸易产业的数字化程度,使得产品或服务的供给方可凭借以往贸易信息,前瞻且科学地获取需求方的差异化需求,提前布局专业化生产,从而降低了差异化成本。与此同时,江小涓(2017)认为,数字经济使得服务贸易产业内供给方可在原有消费者的基础上低成本地开展其他业务,从而降低了新业务开发成本,并且这些消费者更易于接受企业的新业务。这样能在满足各类需求的同时拓宽利润渠道,进而实现范围经济和长尾效应。

数字经济为服务贸易创新发展提供了内在动力。从索洛增长模型$[Y=AF(K，L)]$可以看出,经济发展的主要途径有增加要素投入、优化要素配置和提高全要素生产率,而增加要素投入是产业发展的普遍路径。研究发现,数字经济所依托的互联网、大数据等现代信息技术与传统产业相融合,创造了新的生产要素(司晓等,2017)。此外,其本身所具有的集聚效应能够使要素不断集聚,所产生的规模效应使可投入要素数量和质量增加的同时,还为科学并精准地将生产要素在行业或部门间分配提供了可能,进而确保服务贸易创新发展中所需要素充分和持续。服务贸易产品创新的增值效应见图8.4。

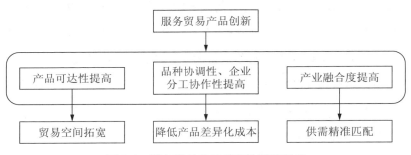

图8.4 服务贸易产品创新的增值效应

8.3 长三角主要城市数字经济促进服务贸易发展现状分析

8.3.1 数字经济发展现状

1. 数字经济规模逐年增加,比例逐渐增大

数字经济时代,长三角地区一体化进入了新阶段。自2017年"数字经济"首次被写入政府工作报告以来,长三角地区的数字化辐射带动效应明显,形成了中国的数字经济增长带。2020年,长三角地区数字经济总量达10.83万亿元,占长三角地区GDP总量的44.26%。长三角地区除2018年数字经济指数稍有下降之外，其余年份均表现为稳步提升。从整体来看，长三角地区数字经济整体规模不断提高。

《中国城市数字经济指数白皮书（2017）》显示，上海在数字经济指数中的城市总评分为 83.8，排名第二位，仅次于深圳，处于领先阶段；其中，城市服务和城市治理评分均排名第一位。根据《2019 长三角数字经济指数报告》，上海的数字经济指数排名第二位，为 74 分。上海的数字经济占 GDP 的比例已经过半，其中，从数字产业化发展来看，上海数字产业化增加值超过 1 000 亿元；从产业数字化发展来看，上海产业数字化规模增加值超过 1 万亿元，产业数字化程度占 GDP 的比例超过 40%。

杭州 2017 年城市总评分为 78.3，排名第 8 位，处于数字经济发展的快车道，其中，城市服务和城市治理评分均排名第 11 位，均高于全国平均水平。2019 年，杭州市的数字经济指数排名第 1 位，除了数字产业指数之外，杭州在其他所有二级指标中均占据榜首。从核心产业增加值来看，根据杭州市统计局数据，2019 年，杭州的数字经济核心产业增加值达到了 3 795 亿元，增长了 15.1%。其中，数字内容增加值增长了 16.3%、软件与信息服务增长了 15.7%、电子商务的增加值增长了 14.6%。

南京在 2017 年数字经济指数中的城市总评分为 77 分，排名第 11 位，也处于数字经济发展的快车道，其中，城市服务评分高达近 90 分，远高于全国平均水平（73 分），城市治理评分也高于全国平均水平。《2019 长三角数字经济指数报告》显示，南京的数字经济指数排名第 4 位，为 59 分。作为工信部认定的全国首个"中国软件名城"，南京市的数字基础设施指数排名第 2 位，仅次于杭州，其中包含的物流基础设施、信息基础设施和数字化办公指数 3 个三级指标均位列前五。从核心产业增加值来看，根据南京市统计局数据，2019 年，南京数字经济核心产业增加值为 11 000 亿元，数字经济占 GDP 比例为 51%，并预期在 2022 年达到 15 000 亿元的目标。

合肥 2018 年数字经济规模为 2 920 亿元，占 GDP 的比例为 37.3%，高于全国平均水平(34.8%)2.5 个百分点,其中,数字产业化占比为 29.2%,产业数字化占比为 70.8%。据赛迪顾问推算,合肥 2019 年数字经济总量为 3 727 亿元,占GDP 的比例为 39.6%。2020 年 5 月,据中国移动通信联合会统计,合肥位列《2019—2020 中国城市数字经济发展报告》榜单第 14 位,省会第 7 位(分别高于GDP 排名七位、两位),数字经济增速位居腾讯研究院 2019 数字中国指数全国第2 位,是唯一连续两年被安徽省评为发展数字经济成效明显地区的地级市,数字经济成为合肥经济发展和经济转型的新引擎。

2. GDP 总量大的城市,数字经济发展规模也较大

表 8.1 列出了 2017 年、2018 年、2019 年长三角地区 26 个主要城市的数字经济指数及它们的 GDP 排名。由该表可知,除了金华、镇江、芜湖、池州这 4 个城市有些偏差之外,其余 22 个城市的数字经济指数排名与 GDP 总量排名的位次不相上下。因此,可以得出这样的结论,地区生产总值较大的城市,数字经济的发展状况也较为良好。

表 8.1　长三角城市群数字经济规模与 GDP 总量排名

地　区	2017 年		2018 年		2019 年	
	数字经济指数排名	GDP 总量总量排名	数字经济指数排名	GDP 总量排名	数字经济指数排名	GDP 总量排名
上　海	1	1	1	1	1	1
杭　州	3	3	4	3	2	3
无　锡	4	7	3	5	4	6
宁　波	2	5	2	6	3	5
南　京	5	2	5	4	6	4
苏　州	6	4	6	2	5	2
合　肥	8	8	8	8	7	7
南　通	9	11	9	7	8	8
金　华	7	22	7	16	9	16
镇　江	11	15	10	17	10	17

续表

地　区	2017 年		2018 年		2019 年	
	数字经济指数排名	GDP 总量排名	数字经济指数排名	GDP 总量排名	数字经济指数排名	GDP 总量排名
常　州	10	6	12	9	11	9
嘉　兴	12	17	11	15	12	13
扬　州	16	9	15	11	15	10
绍　兴	13	10	16	12	13	11
台　州	14	16	13	14	14	14
泰　州	15	13	14	13	16	15
盐　城	17	12	17	10	17	12
芜　湖	25	14	24	18	25	18
铜　陵	26	21	23	25	26	25
湖　州	19	18	26	19	20	19
马鞍山	22	19	19	20	21	22
滁　州	24	24	22	22	24	20
安　庆	20	23	20	21	22	21
宣　城	21	26	18	23	19	23
池　州	18	25	25	26	18	26
舟　山	23	20	21	24	23	24

资料来源：《中国数字经济发展白皮书》、历年《中国城市数字经济指数白皮书》以及相关省份历年《统计年鉴》。

3. 政策支持力度逐年增大，营商环境逐渐变好

2018 年，江苏、浙江、安徽、上海三省一市就《长三角地区一体化发展三年行动计划（2018—2020 年）》达成充分共识，内容主要包括：制定建设世界级产业集群的目标，对重点产业布局进行优化，促进产业链深度融合；致力于推动大数据、云计算、人工智能以及物联网等技术创新，共同携手把长三角都市圈打造成世界数字经济发展高地。

上海是中国的国际贸易中心城市,产业基础雄厚、要素资源充沛,数字经济在地区经济发展中的作用越来越大。产业数字化发展已成为推动上海市数字化经济发展的主引擎。进入"十四五"和新发展阶段,上海提出要加快打造具有全球影响力的"国际数字之都"。2020年,上海市政府发布《上海市促进在线新经济发展行动方案(2020—2022年)》,集聚优势资源,围绕重点领域打造4个"100+",到2022年年末,让上海成为具有国际影响力、国内领先的在线新经济发展高地。

2018年,杭州市政府发布《加快国际级软件名城创建助推数字经济发展的若干政策》,每年安排一定资金用于支持企业自主研发、协同创新、软件产品应用和服务等。2020年,杭州已经形成了以数字经济发展为主导的"杭州模式",该模式被全国各地广泛学习。杭州已经建立了城西科创大走廊等创新平台,搭建了许多具有国际影响力的特色小镇,如梦想小镇和云栖小镇;而且还拥有许多创新性的数字领头企业。

2020年,南京市政府印发《南京市数字经济发展三年行动计划(2020—2022年)》,提出要壮大数字经济产业,加快三次产业的数字化转型提升和新型基础设施的建设,创建新型数字政府。数字经济既是南京经济提质增效的"新引擎",也是经济转型增长的"助推器"。全市深入实施"121"战略,以"数字产业化、产业数字化、数字化治理"为主线,旨在以"数字南京"建设推进经济社会发展的"数字蝶变"。

合肥市同样发布了《合肥市数字经济发展规划(2020—2025年)》,政府将在统筹协调、政策支持、人才引进、开放合作、监督测评等方面积极鼓励数字经济发展,推动数字经济成为合肥市新一轮跨越发展的主引擎,加快建设具有国际影响力的创新之都。

4. 数字经济贸易化趋势明显

数字经济的发展,随着大数据、云计算、物联网、人工智能等这类高新技术的大范围应用,使得服务贸易行业迎来了巨大变革,从具体形态商业模式到交易方式都迎来了新的发展机遇。当前，数字化趋势已经席卷了全球一半的服务贸易交易，尤其是在新冠肺炎疫情影响之下，数字化成了应对疫情带来的经济下行压力的最大希望所在。在引领服务贸易蓬勃发展的道路上，数字化趋势已经势不可挡，数字技术在服务贸易中的地位日渐重要。数字经济对于贸易环节和运行过程的优化主要是通过其自身内部各技术模块之间的集成和融合，进而将内需和外需、供给和需求进行联动发展，这样做可以减少贸易成本、提高贸易效率，为国内国际双循环的发展奠定了重要的发展基础。从具体来看，对贸易过程数据的动态抓取与深入挖掘是降低信息搜集成本、减少耗费时间及风险的最有效方法，更加有利于克服贸易中由于信息不通畅导致的信息壁垒；数字技术与传统物流服务的融合发展有助于实现货物仓储、分拣运输智能化，进而降低运输空载率和运输成本。作为中国经济发展最具活力的地区之一，长三角地区也成了数字技术与产业化发展的重要阵地。近年来，长三角城市群的数字经济发展水平逐年提升，就数字经济指数总评分来看，2019—2020 年一年内提升了 2.2%。尤其是在新冠肺炎疫情之下，实体经济数字化转型的加速升级，公共服务数字化变革的加快，产业化与数字化发展成为有力助推长三角地区整体数字经济发展的重要力量。

在杭州出现了一种依靠信息技术对客户需求进行科学分析的新服务贸易方式，即依靠大数据、区块链、移动互联网等新型信息技术，这种技术密集型服务为主的新服务贸易将成为提高杭州服务贸易发展质量的有效手段。数字经济贸易化在杭州服务贸易创新发展中的一个重要体现就是"网贸展"模式，该模式将数字经济下的数字化供应链服务与在杭州举办的"一带一路"沿线重点国家主办的线下展览相结合，使得数字经济本身所具有的特性变成一种新的贸易模式，通过线上线下平台相结合以及大数据科学分析，使得买卖双方进行匹配。同时，该模式还能进行多语言翻译，提前线上邀约见面，展后进行海外仓对口物流服务，为服务贸易双方企业提供更加便利的一站式服务。南京作为中国服务贸易发展的重要领先城市之一,其数字经济发展的基础也很扎实,2018 年、2019 年《关于建设具有全球影响力创新名城的若干政策措施》就提出致力于打造具有世界范围影响力的创新发展城市,进一步筑牢数字经济发展的基础。尤其是作为新一代信息技术产业灵魂的软件产业,江苏现有的 8 家软件业务收入位列全国前一百的企业均在南京。在数字经济与服务贸易相融合的过程中,数字经济贸易化的发展趋势在南京的发展过程中也有重要体现,2019 年全市完成软件业务收入超过 5 100 亿元,同比增长超过 11%,产业规模在全省位列第一,其中一个重要部分就是与贸易相关的数字化服务贸易相关业务。在数字产业化方面,合肥的数字产业可以跻身全国前五,与其他资源密集的长三角地区城市相比,人工智能成了合肥数字产业领先的主要支撑力量。合肥人工智能产业集群现拥有一大批龙头企业,尤其是以科大讯飞、新华三为代表,已经形成了良性的产业生态体系,即龙头有效引领与科研强力支撑相结合,其成为人工智能产业开放性创新平台最密集的区域之一。

8.3.2 服务贸易发展现状

改革开放四十多年来,中国始终坚持"走出去"战略,不断扩大开放程度,优化开放结构,在对外贸易领域取得了举世瞩目的成就。对外贸易的高速增长也对国民经济的发展起到了良好的促进作用。中国已经成为世界第一大贸易国、世界第一大出口贸易国和第二大进口贸易国。

1. 服务贸易的整体规模仍偏小

中国出口贸易类型主要分为货物出口贸易和服务出口贸易。2017—2019 年长三角地区进出口贸易总额与服务贸易总额的整体变化情况,如图 8.5 所示。

由图 8.5 可知,在进出口贸易结构中,货物贸易占据了绝大部分比例,服务贸易的整体规模仍然偏小,2017 年、2018 年、2019 年服务贸易占进出口贸易总额比例约为 16%,表明长三角地区在服务贸易领域竞争力较弱的现状,需要加快优化

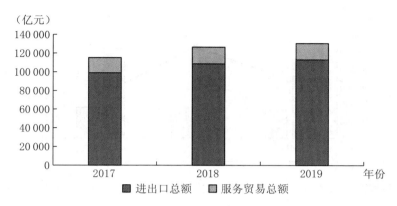

资料来源：长三角地区各城市历年《统计年鉴》和国家统计局网站。

图 8.5　长三角地区进出口总额和服务贸易总额变化

进出口贸易结构和转变经济增长方式。同时，我们也可以看到服务贸易总额一直保持稳定增长的趋势。根据商务部数据，2019 年，长三角地区承接离岸服务外包执行金额为 3 246.6 亿元，约占全国 50％。但是，服务贸易进出口总额在对外贸易总额中占比小。另外，服务贸易发展主要还是以粗放型贸易为主。以旅游服务、运输服务和建筑服务为代表的劳动密集型服务业占比大，而以金融保险、养老和知识产权费等为代表的知识密集型和技术密集型服务业的贸易总额比例较低。

2020 年，上海市服务贸易进出口总额为 1 530.3 亿美元，相比上一年下降了17％。主要原因是旅游服务进出口下降了 54.4％，剔除旅游服务后，其增长了8.1％。相较于劳动密集型服务贸易，知识密集型服务贸易保持稳定增长，2020年，知识密集型服务贸易进出口额增长了 4.5％，其中数字贸易进出口额增长了8％。知识密集型服务贸易进出口额增速较快的有金融服务、知识产权使用费以及电信、计算机和信息服务。

2. 服务贸易发展持续向好、发展空间巨大

从全国和长三角城市群服务贸易发展来看，长三角城市群与全国服务贸易发展对比如图 8.6 所示。

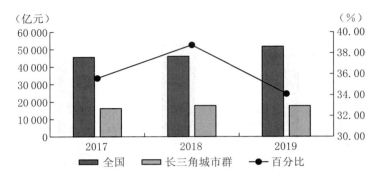

资料来源:相关省份历年《统计年鉴》《中国统计年鉴》和国家统计局网站。

图 8.6　长三角城市群与全国服务贸易发展对比

由图 8.6 可知,全国服务贸易发展持续向好,仍有很大的增长空间,长三角城市群服务贸易发展较为平稳,占全国的比例超过三分之一。其中,2018 年,该比例上升到 38.76%。可见长三角地区是中国服务贸易发展的重要区域。

表 8.2　长三角城市群服务贸易发展状况(单位:亿美元)

城 市	2017 年		2018 年		2019 年	
	总额	排名	总额	排名	总额	排名
上 海	780.37	1	845.15	1	809.49	1
杭 州	123.03	5	130.39	5	133.01	5
无 锡	133.17	4	153.15	4	151.49	4
宁 波	335.55	3	395.94	3	405.28	3
南 京	85.68	6	94.10	6	90.90	7
苏 州	518.05	2	580.39	2	522.99	2
合 肥	40.91	12	50.50	11	52.79	12
南 通	57.07	9	63.25	9	59.94	9
金 华	82.55	7	93.17	7	100.06	6
镇 江	17.28	18	19.41	17	18.36	17
常 州	51.34	10	56.03	10	55.29	11
嘉 兴	59.75	8	70.10	8	67.35	8
扬 州	17.70	17	19.65	16	18.53	16
绍 兴	48.43	11	0.04	26	58.33	10
台 州	38.19	13	43.29	12	40.34	13

续表

城　市	2017 年		2018 年		2019 年	
	总额	排名	总额	排名	总额	排名
泰　州	21.22	14	24.14	14	23.71	15
盐　城	14.18	19	15.65	18	15.75	18
芜　湖	10.46	20	11.28	19	11.81	20
铜　陵	9.09	21	10.23	20	11.74	21
湖　州	18.68	16	21.99	15	15.41	19
马鞍山	6.23	22	7.34	21	8.54	22
滁　州	4.54	23	5.08	22	6.60	23
安　庆	1.26	25	2.38	24	2.72	25
宣　城	2.51	24	3.03	23	3.06	24
池　州	1.26	26	1.25	25	1.38	26
舟　山	18.94	15	28.13	13	32.52	14

资料来源：相关省份历年《统计年鉴》。

表 8.2 为长三角地区 26 个主要城市在 2017—2019 年的服务贸易发展状况。由该表可知，上海、苏州、宁波、无锡、杭州 5 个城市在考察期内一直处于长三角地区服务贸易总额的前五名，其中上海市服务贸易总额遥遥领先，平均每年高出第二名苏州市约 271.19 亿美元；马鞍山、滁州、宣城、安庆、池州 5 个城市在考察期内一直处于长三角服务贸易总额的末五名。由此可知，位于沿海及沿江地区城市的服务贸易发展状况较好，而位于内陆地区城市的服务贸易总额较小。

3. 区域贸易分布不平衡

表 8.3 为 2017—2019 年长三角地区 26 个主要城市的服务贸易区位熵的计算结果及其排名展示。其中，贸易区位熵的计算公式为：$LQ_i = \dfrac{T_i}{T} \Big/ \dfrac{Q_i}{Q}$，$LQ_i$ 表示城市 i 的服务贸易区位熵，T_i 表示城市 i 的服务贸易总额，T 表示长三角地区 26 个主要城市的服务贸易总额，Q_i 为城市 i 的 GDP，Q 为长三角地区 26 个主要城市的生产总值之和。因此，由下表可知长三角城市群的服务贸易集聚程度和区位状况。

表 8.3 长三角城市群服务贸易区位熵及排名

城　市	2017 年		2018 年		2019 年	
	区位熵	排名	区位熵	排名	区位熵	排名
上　海	1.13	5	1.68	3	1.54	5
杭　州	0.47	13	0.63	8	0.63	10
无　锡	1.08	6	0.87	7	0.93	6
宁　波	2.36	3	2.40	1	2.46	1
南　京	0.32	20	0.48	14	0.47	13
苏　州	2.79	2	2.03	2	1.98	2
合　肥	0.38	18	0.42	15	0.40	15
南　通	0.88	9	0.49	13	0.46	14
金　华	4.92	1	1.48	4	1.60	4
镇　江	0.41	16	0.31	16	0.32	18
常　州	0.39	17	0.52	12	0.54	12
嘉　兴	2.35	4	0.94	6	0.91	7
扬　州	0.24	24	0.23	19	0.23	20
绍　兴	0.73	11	0.00	26	0.73	8
台　州	1.04	7	0.58	9	0.57	11
泰　州	0.47	12	0.31	17	0.34	17
盐　城	0.31	21	0.19	21	0.20	22
芜　湖	0.24	23	0.22	20	0.23	21
铜　陵	0.46	15	0.54	10	0.66	9
湖　州	0.76	10	0.53	11	0.36	16
马鞍山	0.26	22	0.25	18	0.28	19
滁　州	0.46	14	0.18	22	0.18	23
安　庆	0.11	26	0.08	25	0.09	26
宣　城	0.34	19	0.15	23	0.14	24
池　州	0.16	25	0.12	24	0.13	25
舟　山	0.91	8	1.39	5	1.72	3

资料来源:相关省份《统计年鉴》。

利用对 2017 年、2018 年、2019 年长三角地区服务贸易发展的区位熵的计算结果可进一步绘制出图 8.7。

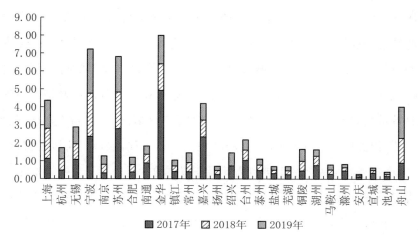

资料来源：相关省份《统计年鉴》。

图 8.7 长三角城市群服务贸易集聚柱状图

由表 8.3 可知，2017—2019 年，区位熵排名靠前的城市主要有宁波、苏州、上海、金华、舟山、金华，表明这些城市的服务贸易集聚程度较高，区位优势较为明显；而安庆、池州、宣城、滁州等城市的区位熵排名靠后，说明这些城市的集聚化程度很低，区位优势较差。由图 8.7 可知，长三角地区 26 个主要城市的服务贸易集聚水平的差异程度较大。综上可知，长三角城市群中沿海和沿江城市的服务贸易集聚优势较为明显，安庆、池州、宣城、滁州等城市与其差距较大，表明长三角区域内贸易分布不平衡状况较为显著。进出口贸易的不平衡可能会进一步带来经济发展的不平衡，进而对长三角地区的产业结构升级与高质量发展产生负面的影响。

4. 创新能力增强，领域宽广

近年来，国家相关部门持续发布关于"深化服务贸易创新发展"的文件通知，各地紧抓节点，纷纷在服务贸易创新发展上不断发力。

自 2018 年国务院批复"深化服务贸易创新发展试点"以来，杭州制定了《杭州市全面深化服务贸易创新发展试点实施方案》，将焦点集中于数字服务、文化服务、旅游服务和金融保险服务等重点领域的发展上，并积极主动对教育服务、医疗服务、会展服务和物流运输服务四大潜力领域进行培育,打造重点突出、具有鲜明特色的现代服务贸易新格局,为中国服务贸易创新发展提供"杭州经验"。

南京作为中国重要的门户城市,是首个"中国软件名城"和全国服务外包示范城市,是中国重要的科研教育基地、现代服务业和先进制造业基地。另外,南京也是首批全国中医药服务贸易先行先试的重点区域之一,创新工作模式、加强品牌宣传、积极打造南京市中医药服务贸易"124"工程,取得了阶段性突破。同时,南京市重视高端人才的引进也为其服务贸易的发展提供了重要的条件。

合肥服务贸易发展产业基础比较薄弱,发展水平低,欠缺专业性人才;而且服务贸易领域的企业组织规模小,缺少大规模的企业组织及知名品牌,从而导致其服务贸易的国际竞争力较弱。合肥已制定出台《合肥市全面深化服务贸易创新发展试点实施方案》,坚持创新引领,提升发展质量的原则,探索服务贸易发展的新模式、新路径和新机制,优化营商环境,拓展国际市场,提高国际化经营水平。2020 年 8 月,安徽省服务贸易和服务外包协会第三届会员大会在合肥隆重召开,同年 9 月,中国(安徽)自由贸易试验区正式揭牌,这为合肥市服务贸易发展创建了一个更高的平台,有利于合肥打造特色服务基地,推动服务贸易高质量发展。

5. 服务贸易数字化速度加快

据世贸组织的报告,2020 年全球服务贸易中有一半以上已经实现了数字化,这给基于互联网、数字技术的新业态和新模式的发展带来了新机遇。新一代信息技术推动着数字经济强势崛起,全球服务贸易出现了一种新的增长动力,即数字化的服务贸易。近年来,长三角地区服务贸易发展态势更加向好,就占全国的总体规模来看,其呈现出不断提升的趋势,仅服务外包额在 2019 年就占据了全国份额的近一半。自 2020 年中国正式签署《区域全面经济伙伴关系协定(RCEP)》之后,加快长三角地区数字化贸易发展布局成为首要任务,数字化标识和规则制定,是新贸易发展的特征。后疫情时代长三角产业链供应链将深化长三角地区与东盟的数字经贸合作,共建高质量"数字一带一路",不断拓展国际数字合作的新空间；发挥长三角区域线上线下并举的新通道优势，建设高标准的线上长三角—东盟自贸合作区，深化双边的数字贸易投资、数字技术创新、数字经济、线上文化交流、数字金融等领域合作；提升数字战略的合作互信，加强数字规划对接，扩大数字市场开放，提升数字贸易投资便利化水平，提高双边数字产业链、数字供应链、数字价值链、数字创新链的深度融合。

对杭州来说，数字经济对服务贸易发展带来的已不是机遇，而是实实在在的改变和重构。杭州积极开展服务贸易创新发展试点，在培育市场主体、提升便利水平、扩大对外开放创新发展模式等方面积极探索。通过试点，杭州有 6 个案例入选深化服务贸易创新发展试点最佳实践案例，数量全国领先，内容涉及通关便利、人才培育、数字创新等多个方面。杭州市商务局的统计数据显示，2019 年杭州数字服务贸易增长 81.5%，占浙江省的 82.19%，其对全省数字贸易发展的贡献度可达 90% 以上。南京作为"中国软件名城"，也成了服务贸易创新发展试点、中国服务外包示范城市，具有相当雄厚的服务贸易数字化发展的人才和技术储备，尤其是在实现服务高质量发展方面具有较为明显的综合优势。近年来，在全面深化服务贸易创新发展试点的新机遇之下，南京通过一系列创新举措，已经深刻融入了全球服务贸易数字化发展体系，积极推进更高水平和层次的对外开放合作，致力于打造服务贸易数字化发展新高地。合肥市为了贯彻落实国务院有关服务贸易发展的工作要求，制定了全面深化服务贸易创新发展试点方案，指出要切实推进服务贸易创新发展。其中涉及的一个重点领域就是数字经济，要构筑领先国内数字经济发展高地，推动产业化与数字化之间进一步协同发展，努力打造数字化转型典范城市。尤其是自 2020 年以来，受新冠肺炎疫情影响，服务贸易企业普遍面临订单减少、成本上升等问题，传统贸易方式面临前所未有的挑战和压力，尤其是旅游、运输等服务贸易行业。众多传统的服务贸易企业借助数字化工具和手段将业务从线下转至线上，展现出了服务贸易数字化发展的优势。

长三角地区各个城市都在实施以数字贸易促进创新链、产业链融合，推动价值链提升，推动数字技术与服务贸易产业深度融合。提升通关环节便利化，进一步完善现代口岸体系,打造高效便捷物流体系,鼓励发展跨境电子商务,加快建设跨境电子商务综合试验区,推动完善线上综合服务平台功能。进一步推动服务贸易数字化发展进程,使得长三角地区的服务贸易在国际服务贸易中更具竞争力,更加高效快速地融入服务贸易数字化新发展趋势。

8.3.3 数字经济促进服务贸易发展的特点

1. 市场主体数量不断增加,领域不断扩展

上海、杭州、南京和合肥作为长三角地区主要城市的代表,均以政策、资金等各种形式支持其服务贸易发展,通过数字经济引领,不断壮大其服务贸易市场主体数量,扩展服务贸易市场领域。

以杭州市为例,2019 年杭州市商务局、财政局联合印发的《杭州市加快服务贸易创新发展实施意见》指出,对于符合条件的服务贸易园区、服务贸易出口基地和相关企业等给予相应的补助,支持其发展。通过一系列时效措施,杭州已经培养和涌现出一批各具特色的服务贸易示范基地和企业。比如,浙大网新软件园一直聚焦于数字服务,通过应用数字技术在交通行业、金融行业促进了服务贸易产业智能化。在文化创意数字化方面,杭州市致力于打造全国最强数字文创基地。

杭州市政府认为数字化是高端服务的强劲驱动力,数字化将会推动传统的服务贸易向数字化服务贸易进行转型。在信息服务领域,积极发挥华三通信、海康威视、大华技术等企业的示范引领作用,巩固杭州市通信服务、物联网服务和金融外包服务的发展优势;然后,积极培育软件和信息服务基地,促进信息服务出口。在跨境电商领域,杭州市通过探索"互联网+服务贸易"新路径,助力跨境电子商务从传统的货物型贸易为主,向货物型贸易与服务型贸易共同发展的转变。杭州市还引进了天猫国际、苏宁易购、网易等 20 多家平台电商,为跨境服务贸易业务的发展提供了有力的支撑。另外,杭州市在文化服务、旅游服务、教育服务和金融保险服务等领域也在不断地向全球价值链中高端攀升。

虽然上述 4 个城市的服务贸易企业注册数量保持持续增长，但是企业规模总体较小，竞争力不强，不能很好发挥企业的规模效应。据官方统计，2019 年上海市服务贸易进出口总额为 1 843.8 亿美元，约占全国服务贸易进出口总额的四分之一，但是只有 79 家相关企业出口额超过 1 亿美元。其他城市出口总额超过 1 亿美元的企业数量更是凤毛麟角。

2. 结构进一步优化，新兴服务占比进一步提升

从具体领域看，重点依托数字技术和信息网络发展的电信、计算机和信息服务，金融服务，技术服务等服务贸易进出口总额逐年增长，以上海寻梦信息技术有限公司、支付宝网络技术有限公司、携程计算机技术有限公司、上海幻电信息科技有限公司为代表的企业在上海的快速发展，使上海新兴服务贸易的发展更加活跃。由于数字经济的不断发展，上海市资本密集型、技术密集型、知识密集型服务的占比不断增加，劳动密集型服务占比逐渐降低，使得服务贸易结构不断优化。

服务贸易创新发展试点工作顺利开展，杭州市陆续出台相关政策，支持服务贸易与互联网的结合，鼓励服务贸易在商业模式和新领域进行创新。在国务院发布的服务贸易创新最佳案例中，杭州市创新在线数字展览模式等 6 个案例成功入选。另外，针对跨境电商"退货难"情况，杭州市开启了跨境电子商务退货新模式，解决了货物超期积压问题。

2020 年 9 月，全球服务贸易大会在南京开幕。作为东道主，南京市近年来一直紧紧抓住全面深化服务贸易创新发展试点的机遇，力求深度融入全球服务贸易体系，积极推动各方更高水平、更高质量的开放合作。依托产业基础和开放优势，南京市积极探索服务贸易新模式，通过"互联网＋"模式在运输、金融等方面的运用，计算机服务、知识产权服务等高附加值服务不断涌现，服务贸易开始进入新兴领域，并不断发展壮大，新兴领域服务贸易占服务贸易进出口总额的比例进一步增加，成为服务贸易发展的新增长点。

根据美国国际贸易委员会数据,2017 年,美国服务贸易中知识产权服务出口占出口总额的 16.1%,金融服务出口占 13.7%,并且金融服务,电信、计算机和信息服务增速保持在 10%左右。反观中国,服务贸易主要以旅游、运输、建筑等附加值低的传统行业为主,对于电信、计算机和信息服务,金融服务,知识产权服务,文化和娱乐服务等附加值高的行业,一直处于占比较低的不利局面。通过对上海、杭州、南京和合肥的统计研究,在服务贸易行业结构中,占比较大的均是旅游、运输等,这些传统行业较多依赖自然资源和劳动力资源,而高技术含量、高附加值的计算机通信服务,文化、金融服务等知识、技术密集型服务贸易的市场份额相对较小。

究其原因,主要是研发创新能力还有待增强。数字经济结构主要呈现三二一产逆向渗透趋势,中国研发创新和生产制造等核心环节的数字化程度与发达国家还有较大差距。即使长三角地区技术较为先进,但是对于数字经济发展中核心技术、重大装备材料的进口依赖程度依然很高,在关键环节标准制定和主导权上仍然处于弱势地位。另外,需要大批专业扎实、高素质的技术与管理人员。优秀的服务贸易专业人员在中国的状况并不理想,上海、杭州、南京、合肥等地也缺乏此类人才。在中国,大多是劳动密集型服务业,不需要较高的专业知识和技能,经过简单培训即可胜任,再加上中国教育体系中对服务业人才的培养不够重视,导致目前服务行业从业人员的素质普遍不高,并且高端技术与管理人员的缺失也严重阻碍了长三角地区服务贸易的发展。

3. 产业链不断延伸,服务贸易逆差进一步缩小

近年来,合肥大力发展新型显示产业,成为国内面板产能最大、产业链最长、技术水平一流的集聚发展区。2019 年 9 月,合肥市新型显示产业集群汇聚了京东方、维信诺等企业 150 多家,形成了涵盖上中下游的完整产业链。合肥市还依托京东方企业的引领带动效应,先后签约落地彩虹、法液空、住友化学等一批细分领域的领军企业,进一步延伸了合肥市服务贸易产业链。

南京产业基础扎实,根据南京统计局的数据,2019 年全市 GDP 超过 1.4 万

亿元，连续 11 个季度保持了 8% 左右的增速，其中服务业占 GDP 的比例达到 60% 以上，南京作为软件名城，具备一定的人才和技术基础，由此支撑服务贸易创新发展。以计算机和信息服务为代表的新兴服务行业持续保持两位数增长，带动南京服务贸易出口持续增长。根据南京市商务局统计数据，"十三五"期间，南京累计服务贸易进出口总额 730 亿美元，服务外包总执行额完成 800 亿美元。从行业角度看，除传统服务贸易之外，其他新兴行业特别是以数字经济推动的服务贸易出口增幅高于总体出口增幅，这标志着南京服务贸易的出口能力正持续提升。

虽然近年来通过技术创新和产业结构的调整，长三角地区服务贸易出口增速明显高于进口，但是该地区服务贸易长期处于逆差状态，并且逆差巨大。在第十八届中国改革论坛上，专家预计到 2025 年，外贸进出口总额中服务贸易的占比有望将从 2019 年的 14.6% 提高至 20% 以上。

逆差原因一方面，是中国服务业发展起点较晚，地区的产业结构较为落后，特色产业不突出，由此造成长三角地区服务贸易在对外贸易出口中不具备优势。另一方面，是全球数字贸易正发生前所未有的重大变化，世界各国出台数字经济战略，抢占技术制高点，导致各国之间竞争加大，再加上中美贸易摩擦对中国数字经济技术创新冲击较大，虽然长三角地区经济相对发达，技术相对先进，但是在诸多核心技术领域仍然依赖国外进口；同时国际上对高新技术的出口限制增多，使得中国必须在核心领域增加投入，发展具有自主知识产权的战略性产业。

根据前文所述，以上海、杭州、南京、合肥为代表的长三角地区主要城市在服务贸易发展持续向好的情况下，还存在下述问题：(1)企业规模总体较小，竞争力不强；(2)服务贸易行业结构不合理；(3)服务贸易领域人才匮乏；(4)缺乏顶层设计与协调统筹；(5)服务贸易长期处于逆差状态；(6)国际环境越发复杂，外部挑战加剧。

8.4 长三角数字经济发展对服务贸易影响的实证分析

国家商务部数据显示,2019年中国服务贸易总额突破7 850亿美元,同比增长了2.8%。自改革开放以来,服务贸易对国民经济的发展作出了重要贡献。但是在全球经济整体低迷,服务贸易逆差逐年扩大、低附加值锁定、新兴服务业出口占比低、服务贸易结构不合理、创新发展遇阻和区域发展不平衡等现实背景下,如何转变中国服务贸易发展方式、优化服务贸易结构成为当务之急。然而,随着以大数据、云计算和人工智能为依托的数字经济的不断发展与完善,数字经济作为更高级、更有持续性的经济形态,对服务贸易产业产生了巨大驱动力。

本章接下来在深入剖析了数字经济发展如何影响服务贸易的基础上,选取2017—2019年长三角地区26个主要城市的相关数据,构建以服务贸易为被解释变量、数字经济指数为解释变量的多元回归模型并进行实证分析。

8.4.1 研究设计

1. 样本选择

考虑到数据的可获得性,本实证分析分别选取2017—2019年长三角地区26个主要城市的面板数据来考察数字经济发展对服务贸易的影响。

2. 模型构建

已有的国内外文献对数字经济的研究尚处于探索阶段,对数字经济发展的衡量尚未达成共识。本实证分析借鉴陈晓东、杨晓霞(2021)的研究,构建如下模型:

$$STV_{ct} = \alpha + \beta_1 DEI_{ct} + \beta_2 PGDP_{ct} + \beta_3 OPEN_{ct} + \beta_4 LTI_{ct}$$
$$+ \beta_5 PG_{ct} + \beta_6 TI_{ct} + REG_{ct} + YEAR_{ct} + \varepsilon_{ct}$$

其中 c 表示城市，t 表示不同年份，STV 表示城市的服务贸易总额，DEI 表示数字经济发展指数，$PGDP$ 表示人均国内生产总值，$OPEN$ 表示贸易开放程度，LTI 表示第三产业发展水平，PG 表示人口总量，TI 表示技术创新，REG_{ct} 表示城市固定效应，$YEAR_{ct}$ 表示年份固定效应，ε_{ct} 表示随机干扰项。

3. 变量测度及说明

（1）被解释变量。

服务贸易总额（STV）：目前，对于服务贸易总额的科学、准确的统计是世界各国面临的难点，并且准确的服务贸易数据难以获取。故而，本实证分析以 2017—2019 年历年全国服务贸易总额占进出口贸易总额（单位：亿美元）比例的算术平均数来作为各城市服务贸易总额占进出口贸易总额的比例，然后根据各城市的进出口贸易总额进行测算，从而得到各城市的服务贸易总额。

（2）解释变量。

数字经济发展指数（DEI）：对于数字经济发展水平的衡量，已有文献以互联网普及率、互联网域名、科学技术支持和知识产权保护水平等指标综合加权作为数字经济发展的替代指标（陈戎，2020）。本实证分析借鉴姚震宇（2020）等人的研究，选用 2017—2019 年中国信通院发布的《中国数字经济发展白皮书》、新华三集团数字经济研究院发布的《中国城市数字经济指数白皮书》中的长三角地区 26 个主要城市数字经济发展指数，来作为数字经济发展的替代指标。

该指标下设传统数字基础、产业、融合及环境 4 个一级指标，产业规模、服务业数字化、工业和信息化水平等 10 个二级指标，电子商务交易额、智慧景区数量、互联网医院数量、第三方支付金融牌照数量等 41 个三级指标。其更加精确、全面地反映了当前各个地区数字经济的发展水平与阶段性特征。

（3）控制变量。

为了控制其他一些可能对服务贸易产生影响的因素，本实证分析在借鉴已

有相关文献的基础上,选取了下述控制变量:

人均 GDP(*PGDP*):已有研究文献发现,人均 GDP 可以反映该地区经济发展水平和进出口能力(盛斌、廖明中,2004)。因而,本实证分析将各城市每年的GDP 和当年常住人口总量作为控制变量,其数据来源于各城市的《统计年鉴》。

贸易开放程度(*OPEN*):贸易开放程度反映了该地区参与国际分工、贸易程度的指标,本实证分析以长三角地区 26 个主要城市每年进出口贸易总额占该年GDP 的比例作为贸易开放程度的替代变量,相关数据根据各城市的《统计年鉴》计算而来。

第三产业发展水平(*LTI*):各城市每年第三产业总额与当年 GDP 总额的比例,相关数据来源于各城市的《统计年鉴》。

常住人口总量(*PG*):各城市每年常住人口总数,相关数据根据各城市的《统计年鉴》计算而来。

技术创新(*TI*):各城市每年专利授权数,相关数据根据各城市的《统计年鉴》计算而来。

数字经济发展与服务贸易关系的相关变量定义如表 8.4 所示。

表 8.4　数字经济发展与服务贸易关系的相关变量定义

变量	变量含义	变量定义
STV	服务贸易总额	从各城市《统计年鉴》和国家统计局网站选取数据进行测算
DEI	数字经济发展指数	选用《中国数字经济发展白皮书》和《中国城市数字经济指数白皮书》中各个城市数字经济发展指数
PGDP	人均 GDP	各城市每年的 GDP 与每年的总人口数量的比值
OPEN	贸易开放程度	各城市进出口贸易总额与 GDP 的比值
LTI	第三产业发展水平	各城市第三产业规模与每年的总人口数量的比值
PG	常住人口总量	各城市常住人口总数
TI	技术创新	各城市每年专利授权数

8.4.2　实证结果与分析

1. 描述性统计

从表 8.5 可以看出，长三角地区 26 个主要城市服务贸易总额的平均值为 103.8 亿美元，最小值和最大值分别为 0.036 和 845.1 亿美元，标准差为 187.1，可以看出，长三角地区 26 个主要城市服务贸易发展水平存在很大差异。在数字经济发展水平方面，长三角地区 26 个主要城市的数字经济发展指数平均值为 61.28，最小值和最大值 44.3 和 89.8，标准差为 11.03，这表明长三角地区 26 个主要城市间数字经济发展状况参差不齐，然而长三角地区数字经济发展水平整体较高。贸易开放程度最大值为 0.798，最小值为 0.358，标准差为 0.357，这表明长三角地区 26 个主要城市贸易开放程度差距较小。

表 8.5　各主要变量的描述性统计

变量	变量含义	观测值	平均值	标准差	最小值	最大值
STV	服务贸易总额	78	103.8	187.1	0.036	845.1
DEI	数字经济发展指数	78	61.28	11.03	44.3	89.8
PGDP	人均 GDP	78	92 450	24.32	46 250	182 300
OPEN	贸易开放程度	78	0.652	0.357	0.358	0.798
LTI	第三产业发展水平	78	5.264	2.443	1.378	11.43
PG	常住人口总量	78	592.5	446.4	116.8	2 428
TI	技术创新	78	9.549	1.146	6.947	11.52

2. 面板模型识别检验

由于本文数据采用的是面板数据，面板数据包含了时间、个体、指标 3 个维度上的信息。若不能正确地进行模型设定，可能会发生得出的结论与现实事实不相符的情况。所以，在进行估计之前，需要对样本进行面板模型识别检验，进而提高模型估计的有效性。F 检验通常用于检验待估模型是否属于混合模型、变系数模型或是变截距模型，Hausman 检验通常用于检验待估模型是属于固定效应模型还是随机效应模型。

F 检验和 Hausman 检验综合判别结果如表 8.6 所示,该结果表明,本文面板模型应设定为个体固定效应变系数模型比较合理。

表 8.6　面板模型识别 F 检验和 Hausman 检验结果表

F 检验						
F_2	临界值	检验结果	F_1	临界值	检验结果	模型识别
34.10	1.33	拒绝	3.12	1.18	拒绝	变系数

Hausman 检验			
H	临界值	检验结果	模型识别
26.46	1.71	拒绝	固定效应

3. 面板模型估计和结果分析

利用 Stata 软件进行个体固定效应变系数模型估计,得出相应的回归结果,并将结果在表 8.7 中展示。

表 8.7　数字经济发展对服务贸易总额的回归结果

变量	变量含义	回归系数
DEI	数字经济发展指数	23.933* (1.72)
OPEN	贸易开放程度	156.433*** (3.02)
LTI	第三产业发展水平	−0.668 (−0.47)
TI	技术创新	0.000 6 (0.96)
PGDP	人均 GDP	1.067 (0.67)
PG	常住人口总量	0.311 (1.10)
Constant	—	−62.453 (−0.41)
观测值	—	78

注:***、**、*分别表示在1%、5%和10%的水平显著,括号内为 t 值。

数字经济发展指数的系数为正，且在 10％ 的水平上显著。这说明数字经济发展对服务贸易具有促进作用，数字经济的发展使得原有服务贸易主体的扩大，拓展了服务贸易达成的机会，与此同时，数字经济所依托的现代信息技术提升了其对服务贸易的服务能力，增强了服务贸易的出口竞争力，从而拓展了其附加收益，进而促进了服务贸易发展。贸易开放程度的系数为正，且在 1％ 的水平上显著，这表明长三角地区贸易开放程度的提高有利于服务贸易的发展。进出口贸易主要可分为货物进出口与服务进出口，贸易开放程度的提高意味着与国外交流更加频繁，其中包括货物交流与服务交流。此处采用进出口贸易总额占 GDP 的比例作为贸易开放程度的替代变量，即当进出口贸易总额占 GDP 的比例每提升 1 个单位时，服务贸易总额将增加约 156 个单位。技术创新水平、人均 GDP 以及常住人口总量对服务贸易均产生正向影响，但这种正向影响并不显著。第三产业发展水平的回归系数为负值，与预期不相符，但其仍表现为不显著。

4. 稳健性检验

为了确保模型估计结果的稳健性，此处采用变量替代的方法进行稳健性检验。将地区 GDP 替代地区人均 GDP，将人均专利授权数替代专利授权数。替换变量之后的模型回归结果如表 8.8 所示。

由表 8.8 可知，数字经济发展指数与贸易开放程度的系数均为正，且在 1％ 的水平上显著。技术创新水平、人均 GDP 以及常住人口总量对服务贸易均产生正向影响，但技术创新水平的正向影响并不显著，而人均 GDP、常住人口总量的正向影响分别在 5％ 和 1％ 的水平上表现为显著。第三产业发展水平的回归系数仍为负值，其表现为不显著。由替换变量的稳健性检验模型与主模型的结果对比可知，原模型的核心解释变量的方向与显著性均没有发生明显的变化，表明原模型的回归结果通过了稳健性检验。

表 8.8　替换变量的稳健性检验模型与主模型的结果对比

变量	变量含义	检验模型	原模型
DEI	数字经济发展指数	33.170*** (2.74)	23.933* (1.72)
OPEN	贸易开放程度	246.046*** (4.45)	156.433*** (3.02)
LTI	第三产业发展水平	−0.775 (−0.60)	−0.668 (−0.47)
TI	技术创新	0.162 (0.32)	0.000 6 (0.96)
PGDP	人均 GDP	0.005 1** (2.45)	1.067 (0.67)
PG	常住人口总量	0.294*** (6.47)	0.311 (1.10)
Constant	—	−48.866 (−0.72)	−62.453 (−0.41)
观测值	—	78	78

注：***、**、* 分别表示在1％、5％和10％的水平显著,括号内为 t 值。

5. 进一步分析

基于前文的实证分析可以发现,整体上数字经济能够有效促进服务贸易的规模。然而,对于数字经济发展影响服务贸易的具体作用路径和内在机理仅作出理论分析,但尚未进行实证检验。因此,本部分将从以下几个方面考察数字经济发展影响服务贸易的作用路径和内在机理。

(1) 数字经济发展、交易费用与服务贸易规模。

裴长洪等(2018)研究发现,数字经济所依托的互联网、云计算和大数据等现代信息技术,可高效集聚超规模的供需双方信息,进而确保服务贸易主体通过互联网平台获取和交换信息,打破了传统服务贸易实体必须凭借实体空间来实现交易的前提条件,进而降低市场准入"门槛"、增加贸易机会、缩减中间环节和交易费用。此外,数字经济的发展使得贸易产品或服务产生线上及线下相结合的新交割形式和低廉的沟通成本,降低了传统经济形态下服务贸易协调、监督和通信成本等部分交易费用。受该研究的启发,本部分也将数字经济影响服务贸易的机制初步锁定在交易费用上。通过剖析数字经济对服务贸易发展的影响路径和作用机理,我们认为,数字经济的发展可有效降低服务贸易主体间的信息搜寻成本、交易文件成本、制度性遵循成本和交易违规成本等。既有的相关研究发现,在某种程度上某一城市所在地与贸易港口的距离能够反映交易费用的大小。因而,本部分以选取长三角地区 26 个城市与邻近港口的距离来衡量交易费用,借鉴现有研究,将位于所选城市与邻近港口距离中位数以上的城市定义为交易费用较高组,记为 $JYFY=1$,除此之外的记为 $JYFY=0$。以数字经济发展指数(DEI)和交易费用($JYFY$)的交乘项的系数来说明数字经济通过影响交易费用,进而来影响服务贸易发展。经过面板模型的识别检验,依旧采用个体固定效应变系数模型,实证结果如表 8.9 所示。

表 8.9　基于降低交易费用路径的分析

变量	变量含义	回归系数
DEI	数字经济发展指数	37.487** (2.55)
$JYFY$	交易费用	−202.743* (−1.69)
$JYFY×DEI$	交乘项	2.618* (1.35)
$PGDP$	人均 GDP	0.029 (0.02)
$OPEN$	贸易开放程度	224.830*** (4.19)
LTI	第三产业发展水平	0.764 (0.43)
TI	技术创新	0.001 (1.98)
PG	常住人口总量	0.316*** (6.63)
Constant	—	−179.443* (1.78)

续表

变量	变量含义	回归系数
观测值	—	79
F_2	—	33.33
F_1	—	2.65
H	—	27.18

注：***、**、*分别表示在1%、5%和10%的水平显著。

表8.9报告了数字经济发展、交易费用与服务贸易总额的回归结果。可以发现，数字经济发展指数（DEI）与服务贸易总额（STV）的系数为37.487，且在5%的水平上显著，说明数字经济促进了服务贸易发展。交易费用（$JYFY$）与服务贸易总额（STV）的系数为-202.743，且在10%的水平上显著，表明交易费用严重制约了服务贸易的发展。将交易费用和数字经济发展指数的交乘项（$DEI \times JYFY$）引入模型进行回归后，该系数显著为正，说明数字经济的发展可以通过降低交易费用来促进服务贸易产业的发展。

（2）数字经济发展、规模经济与服务贸易规模。

荆文君和孙文宝（2019）认为，数字经济的发展可以有效解决服务贸易供给者追求规模经济和满足消费者需求多样化之间的矛盾。数字经济所依托的大数据等技术可确保供给方及时感知、搜寻和分析消费者差异化的需求，使得服务贸易主体从被动营销到主动营销，满足个性化服务，且供需双方信息流的畅通使贸易规模不断扩大，从而实现内部规模经济。我们认为，数字经济的发展可以从供给方、需求方和内部3个层面增强规模经济，进而促进服务贸易发展。因此，本部分在借鉴既有的相关研究的基础上，考察数字经济发展增长率（$DEI\_$）对服务贸易总额增长率（$STV\_$）的影响程度来检验数字经济通过增强规模经济，进而促进服务贸易发展的作用路径。经过面板模型的识别检验，F_2的值为0.86，小于临界值1.33，可认为样本数据符合混合模型。相关数据回归结果如表8.10所示。

表 8.10　基于提高规模经济路径的分析

变量	变量含义	STV_
DEI_	数字经济发展增长率	6.458*** (6.01)
OPEN	贸易开放程度	3.241* (1.76)
PGDP	人均 GDP	50.815*** (2.65)
LTI	第三产业发展水平	6.470** (2.06)
TI	技术创新	8.494*** (2.70)
PG	常住人口总量	0.003 (0.36)
Constant	—	−89.543*** (−3.69)
观测值	—	52
F_2	—	0.86

注：***、**、* 分别表示在 1%、5% 和 10% 的水平显著。

从表 8.10 可以看出，数字经济增长率(DEI_)与服务贸易总额增长率(STV_)的系数为 6.458，且在 1% 的水平上显著。这表明数字经济的发展有助于服务贸易产业规模经济的增强，从而促进了服务贸易产业的发展。数字经济的发展使得数据成为经济发展重要的要素，该类要素易存储和低边际成本的特征有效解决了传统生产要素供给的难题，实现了供给方规模经济；数字经济网络外部性会造成当消费者数量达到临界值时触发正反馈，引发新的消费用户，进而拓展市场范围，提高产品或服务供给者收益，从而实现需求方规模经济；数字经济所依托的大数据等技术可确保供给方及时感知、搜寻和分析消费者差异化的需求，使得服务贸易主体从被动营销到主动营销，满足个性化服务，并且供需双方信息流的畅通使贸易规模不断扩大，从而实现内部规模经济。因此，数字经济发展可以通过提高规模经济促进服务贸易发展。

8.5 研究结论与政策建议

8.5.1 研究结论

一方面,数字经济是服务贸易转型发展的关键驱动因素,将从根本上改变服务贸易的业态形式、业态范围和业态属性;另一方面,长三角地区作为"一带一路"与长江经济带的重要交汇区域,无论是数字经济还是服务贸易,在全国范围内都处于领先地位。本章通过数字经济对服务贸易发展影响机制的一般分析,重点考察了长三角地区主要城市数字经济促进服务贸易的现状和特点,并利用实证数据检验了数字经济对服务贸易的促进作用,得到主要结论如下:

第一,通过选取 2017—2019 年长三角地区 26 个主要城市的相关数据,构建以服务贸易总额为被解释变量、数字经济发展指数为解释变量的实证研究发现,数字经济发展有效促进了服务贸易的发展,同时促进了区域内人均 GDP、贸易开放程度和技术创新的提升。这直接为数字经济促进服务贸易发展提供了经验证据。

第二,数字经济以数字技术为核心驱动力,以现代信息网络平台为重要载体,促进服务贸易发生转型和创新。主要体现为 4 个方面:数字经济降低了服务贸易的交易费用;扩大了服务贸易的规模经济;实现了服务贸易产业的精准配置;赋能了服务贸易产业的创新发展。

第三,整体来看,长三角地区数字经济较好地促进服务贸易发展,在数字经济贸易化和服务贸易数字化等方面取得较快发展。主要表现在:市场主体数量不断增加,领域不断扩展;新兴服务占比进一步提升;培育服务贸易新业态,带动服务贸易集聚发展;产业链不断延伸,服务贸易逆差进一步缩小。然而也存在一些问题,如服务贸易行业结构不合理,服务贸易国际竞争力不强,服务贸易领域人才匮乏等。

8.5.2　政策建议

在本章研究发现和研究结论的基础上，结合长三角地区数字经济促进服务贸易发展的实际情况，提出相关建议如下：

1. 确立数字经济促进服务贸易转型发展的区域发展战略

本章关于长三角地区主要城市数字经济促进服务贸易发展的现状分析表明，上海、杭州、南京等主要城市在数字经济贸易化和服务贸易数字化等方面已经形成较强竞争力，能起到带动长三角城市群，甚至是全国服务贸易发展的引擎作用。因此，长三角地区要利用自身在国际贸易中的区位优势，通过发挥区域内中心城市的引擎作用，构筑规模经济发展优势，并且要进一步结合与国内其他区域在数字经济发展中的区域定位，协调发展服务贸易，形成区域之间和产业之间的协同发展。

2. 依托新基建，提升数字化技术对服务贸易的服务能力

基于对长三角地区城市层面的实证研究发现，数字化技术发展是服务贸易发展的重要驱动因素，因此，有必要通过加强新基建促进服务贸易数字化和数字经济贸易化的发展。大数据中心、智能计算中心等新基建项目是推进服务贸易转型发展的基础性数字化技术条件。数字经济时代，移动支付、大数据、云计算、人工智能等数字化技术对于企业拓展业务形态、延伸服务链条等服务创新不可或缺。为进一步推动服务贸易数字化和数字经济贸易化的发展，长三角地区有必要建立以平台企业为主体的服务贸易出口基地，加强数字技术研发投入和基础设施建设，聚焦突破数字化技术，创新基础设施建设的投融资机制，大力推进数字经济的新基建发展。

3. 发挥数字经济对服务贸易的促进作用，提高服务贸易出口竞争力

本章关于长三角地区主要城市数字经济促进服务贸易发展的现状分析表

明,长三角地区服务贸易长期以来处于逆差状态,主要原因在于以传统服务业,如旅游、建筑等劳动密集型和资源密集型行业,而金融服务、跨境电子商务等高技术含量的服务业态还不具有足够的国际竞争力。随着数字化技术的发展,数字金融、跨境电子商务等高端服务贸易遇到了发展机遇,而且这两个领域已经成为各个国家极力发展的服务贸易业态,长三角地区应该率先发力,通过完善金融、物流等配套体系,加大政府支持,改善信息安全,形成在这些较为服务贸易高端领域里的国际竞争力优势。

4. 借力数字经济蓬勃发展,优化服务贸易业态结构

本章关于数字经济促进服务贸易发展的影响机制研究的表明,数字经济有利于赋能服务贸易创新发展。因此,针对长三角地区高附加值的服务贸易业态不足、低附加值服务贸易业态具有传统优势的现实情况,长三角地区主要城市除了继续发展传统服务业之外,更应该在数字经济发展的基础之上,大力培育数字金融、保险、娱乐、文化版权、技术贸易等,打造新的服务贸易优势业态,进一步优化服务贸易业态结构。

5. 加大政府支持力度,加强资金支持力度

针对长三角地区主要城市数字经济促进服务贸易发展的经验研究发现,政府支持在其中发挥了重要作用。当前,长三角地区还缺乏专门的服务贸易发展平台和政策支持体系。通过出台数字经济促进服务贸易专门的支持政策,实施税收优惠、政府补助等具体方案,制定数字经济贸易化和服务贸易数字化的长远发展规划,重点加强服务贸易试验区、服务贸易出口基地、服务贸易数字化创新试点城市等建设工作,实现政府对服务贸易数字化创新发展的有力支持。政府设立支持服务贸易数字化创新的专门支持资金,保障资金供给,优化政府支持资金管理,提高资金使用效率。

6. 加强数字经济和服务贸易人才培养

针对长三角地区主要城市数字经济促进服务贸易发展现状分析发现,该地区数字经济与服务贸易领域的复合型人才缺乏。因此,有必要借助长三角地区

优厚的人才储备和人才培养的优势,改造国际贸易和电子商务等专业的培养模式,强化突出对高素质数字经济与服务贸易的复合型人才培养,并大力发展服务贸易职业技术教育,培养一大批专业的实操型人才,有力支撑服务贸易的转型发展。

7. 加强国际合作,拓宽服务贸易市场

针对长三角地区 26 个主要城市数字经济促进服务贸易发展现状分析发现,该区域服务贸易国际竞争力不强。因此,有必要充分发挥长三角地区在数字经济发展和国际贸易中的优势地位,依托上海自贸试验区等平台,进一步扩大对外开放,加强与"一带一路"国家的贸易往来,尤其加强与日本、韩国、东盟等国家和区域的服务贸易合作,加强国际性展会平台建设,增强与世界贸易市场的融合发展,不断拓宽服务贸易市场。

参考文献

［1］历年上海统计年鉴。

［2］历年中国港口统计年鉴。

［3］历年中国统计年鉴。

［4］毕玉江、唐海燕和殷德生:《上海自贸区贸易转型面临的制约因素与对策》,《经济纵横》2014 年第 8 期。

［5］曹正勇:《数字经济背景下促进我国工业高质量发展的新制造模式研究》,《理论探讨》2018 年第 2 期。

［6］陈芳:《广州自贸区经济增长效应研究——基于反事实分析法》,《时代金融》2017 年第 33 期。

［7］陈福中:《数字经济、贸易开放与"一带一路"沿线国家经济增长》,《兰州学刊》2020 年第 11 期。

［8］陈宏、郑琳凡和王春艳:《服务进口贸易的产业结构优化研究》,《经济问题探索》2014 年第 12 期。

［9］陈佳佳、甘爱平:《中国海运服务贸易逆差与船籍外移关系测度——基于灰色关联度分析法》,《学理论》2017 年第 5 期。

［10］陈靓:《数字贸易自由化的国际谈判进展及其对中国的启示》,《上海对外经贸大学学报》2015 年第 5 期。

［11］陈林、罗莉娅:《中国外资准入壁垒的政策效应研究——兼议上海自由贸易区改革的政策红利》,《经济研究》2014 年第 4 期。

［12］陈奇星：《上海自贸试验区建设中的政府治理创新：做法、经验与展望》，《中国行政管理》2016 年第 10 期。

［13］陈乔、程成：《海上通道对中国—东盟贸易潜力的影响研究》，《国际商务》2019 年第 1 期。

［14］陈戎：《数字经济发展对中国出口贸易的影响》，山东大学，2020 年。

［15］陈松炜：《托宾 Q 理论的发展及在我国的应用》，《商业会计》2012 年第 6 期。

［16］陈薇：《知识产权保护与贸易开放度对外资引进的影响》，《技术经济》2021 年第 1 期。

［17］陈伟：《数字经济赋能中国服务贸易》，《服务外包》2019 年第 5 期。

［18］陈希、彭羽和沈玉良：《外汇管制政策调整对离岸贸易的影响——基于上海自贸区企业层面数据的实证分析》，《华东经济管理》2017 年第 3 期。

［19］陈宪、黄建锋：《可贸易性：决定因素与影响分析》，《上海经济研究》2004 年第 4 期。

［20］陈晓东、杨晓霞：《数字经济可以实现产业链的最优强度吗——基于 1987—2017 年中国投入产出表面板数据》，《南京社会科学》2021 年第 2 期。

［21］程南洋、杨红强和聂影：《中国服务贸易出口结构变动的实证分析》，《国际贸易问题》2006 年第 8 期。

［22］仇燕苹、宣昌勇：《国外自由贸易区的发展对我国保税区转型的启示》，《云南财贸学院学报(社会科学版)》2007 年第 1 期。

［23］邓娟：《中国自贸区的设立对当地对外贸易的影响研究》，华中科技大学，2018 年。

［24］杜陈俊灵(DO TRAN TUAN LINH)：《越南海运服务贸易竞争力影响因素研究》，华东师范大学，2015 年。

［25］杜荣：《重庆服务贸易发展现状、问题与对策》，《重庆师范大学学报(哲学社会科学版)》2008 年第 3 期。

[26] 杜壮:《服务贸易插上数字化"翅膀"》,《服务外包》2020 年第 12 期。

[27] 冯帆、许亚云和韩剑:《自由贸易试验区对长三角经济增长外溢影响的实证研究》,《世界经济与政治论坛》2019 年第 5 期。

[28] 冯语迪:《长三角城市群服务贸易发展的现状问题及对策》,《江苏商论》2020 年第 9 期,第 16—20 页。

[29] 福建社科院课题组、李鸿阶:《国际经贸规则调整与福建自贸试验区的政策选择》,《亚太经济》2019 年第 1 期。

[30] 高志军、刘伟:《航运服务产业链的内涵与生成机理》,《中国航海》2013年第 3 期,第 120—125 页。

[31] 管智骏、李丽:《论我国海运服务贸易发展的实证研究》,《特区经济》2015 年第 6 期。

[32] 郭世英、王庆和李素兰:《中国服务业结构优化升级问题分析》,《河北大学学报(哲学社会科学版)》2010 年第 3 期。

[33] 何骏、郭岚:《TPP 背景下我国自贸试验区离岸贸易税收政策研究》,《江淮论坛》2016 年第 7 期。

[34] 何骏、赵晓雷和郭岚:《中国(上海)自由贸易试验区离岸业务税收政策研究》,《外国经济与管理》2014 年第 9 期。

[35] 贺卫、伍星和高崇:《我国服务贸易竞争力影响因素的实证分析》,《国际贸易问题》2005 年第 2 期。

[36] 胡艺:《数字经济助推高水平服务贸易》,《贵阳日报》2020 年 11 月9 日。

[37] 户艳辉:《中美服务贸易发展状况分行业的实证分析》,《统计与决策》2021 年第 2 期。

[38] 黄健青、张娇兰:《京津沪渝服务贸易竞争力及其影响因素的实证研究》,《国际贸易问题》2012 年第 5 期。

[39] 黄丽霞:《自由贸易区对区域经济增长的影响——基于广东自贸区成

立前后数据对比的 VAR 模型分析》,《商业经济研究》2017 年第 20 期。

[40] 黄启才:《自贸试验区设立促进外商直接投资增加了吗——基于合成控制法的研究》,《宏观经济研究》2018 年第 4 期。

[41] 黄珊:《基于灰色关联分析的上海服务贸易出口影响因素分析》,《价格月刊》2010 年第 12 期。

[42] 黄毅:《四川省服务贸易竞争力的分析》,《国际贸易问题》2012 年第 1 期。

[43] 季剑军:《服务业开放度与竞争力的国际比较》,《宏观经济管理》2015 年第 1 期。

[44] 贾大山:《提升国际竞争力,扭转海运服务贸易巨额逆差》,《中国远洋海运》2018 年第 12 期。

[45] 江若尘、陆煊:《中国(上海)自由贸易试验区的制度创新及其评估——基于全球比较的视角》,《外国经济与管理》2014 年第 10 期。

[46] 江小涓:《高度联通社会中的资源重组与服务业增长》,《经济研究》2017 年第 3 期。

[47] 焦晋鹏、杨慧瀛和齐福:《中国服务贸易竞争力影响因素研究》,《哈尔滨商业大学学报(社会科学版)》,2013 年第 4 期。

[48] 荆文君、孙宝文:《数字经济促进经济高质量发展:一个理论分析框架》,《经济学家》2019 年第 2 期。

[49] 康瑾、陈凯华:《数字创新发展经济体系:框架、演化与增值效应》,《科研管理》2021 年第 4 期。

[50] 雷霆华、刘佳洁:《天津自贸区融资租赁业发展研究》,《天津经济》2015 年第 5 期。

[51] 李晨、迟萍和邵桂兰:《基于动态面板 GMM 的海运服务贸易开放度与竞争力关系的实证研究》,《国际商务研究》2015 年第 4 期。

[52] 李钢:《扩大服务业开放,提升服务贸易国际竞争力》,《中国经贸》2013

年第 5 期。

[53] 李钢:《推动贸易强国建设的战略路径》,《国际贸易》2018 年第 4 期。

[54] 李惠娟、蔡伟宏:《服务贸易出口技术复杂度升级影响因素研究——基于跨国面板数据的实证分析》,《商业研究》2016 年第 7 期。

[55] 李俊、郭周明:《我国服务贸易发展战略重点、主要任务与政策建议》,《国际商务研究》2013 年第 11 期。

[56] 李俊等:《服务贸易与服务产业的协调:现状、问题与建议》,《首都经济贸易大学学报》2014 年第 5 期。

[57] 李娜:《北极航线通航对我国航运业的影响研究》,大连海事大学,2012 年。

[58] 李娜:《我国海运服务贸易影响因素技术层面分析——基于 PLS 模型实证检验》,《物流技术》2019 年第 2 期。

[59] 李艳:《长三角与珠三角服务贸易竞争力的比较分析》,《嘉兴学院学报》2014 年第 4 期。

[60] 李杨、蔡春林:《中国服务贸易发展影响因素的实证分析》,《国际贸易问题》2008 年第 5 期。

[61] 李赞:《全球数字贸易市场的特征及演进分析》,《发展研究》2020 年第 3 期。

[62] 李忠民、周维颖:《美国数字贸易发展态势及我国的对策思考》,《全球化》2014 年第 11 期。

[63] 李忠民、周维颖和田仲他:《数字贸易:发展态势、影响及对策》,《国际经济评论》2014 年第 10 期。

[64] 梁瑞、黄玉丽:《国际服务贸易发展趋势与我国战略选择——以北京、上海和广州为例》,《河南社会科学》2010 年第 6 期。

[65] 梁婷:《中国服务贸易影响因素研究——基于国际比较视角》,商务部国际贸易经济合作研究院,2014 年。

[66] 廖永泉:《自贸区金融创新对中国产业升级影响及对策研究》,《现代商贸工业》2016 年第 32 期。

[67] 林子荣:《我国港口航运业发展与中国—东盟双边贸易的互动关系研究》,《广西社会科学》2014 年第 11 期。

[68] 蔺捷:《从金融规制权解读自贸区战略与"一带一路"战略的对接和融合》,《当代法学》2017 年第 2 期。

[69] 刘斌、甄洋和屠新泉:《逆全球化背景下中国 FTA 发展新趋势与战略选择》,《国际贸易》2018 年第 11 期。

[70] 刘秉镰、吕程:《自贸区对地区经济影响的差异性分析——基于合成控制法的比较研究》,《国际贸易问题》2018 年第 3 期。

[71] 刘秉镰、王钺:《自贸区对区域创新能力的影响效应研究——来自上海自由贸易试验区准实验的证据》,《经济与管理研究》2018 年第 9 期。

[72] 刘辉:《我国自由贸易区建设的成效、困境及提升途径》,《对外经贸实务》2015 年第 12 期。

[73] 刘昭洁、蓝庆新和崔鑫生:《贸易便利化对中国出口贸易的影响——基于贸易引力模型的实证分析》,《现代经济探讨》2018 年第 5 期。

[74] 刘晔、陆夏:《美国"自贸区"模式的经济效应及其经验借鉴》,《上海经济研究》2014 年第 12 期。

[75] 楼琼、刘朝:《川渝服务贸易竞争力比较和分析》,《时代金融》2012 年第 30 期。

[76] 罗钢、黄丽华:《网络外部性条件下的连锁企业渐进式信息化》,《科学学与科学技术管理》2007 年第 4 期。

[77] 吕延方、方若楠和王冬:《中国服务贸易融入数字全球价值链的测度构建及特征研究》,《数量经济技术经济研究》2020 年第 12 期。

[78] 马述忠、房超和梁银锋:《数字贸易及其时代价值与研究展望》,《国际贸易问题》2018 年第 10 期。

[79] 马述忠、潘钢健:《从跨境电子商务到全球数字贸易——新冠肺炎疫情全球大流行下的再审视》,《湖北大学学报(哲学社会科学版)》2020 年第 9 期。

[80] 苗梦瑶、郭莹艳:《上海自贸区对河南自贸区建设与发展的启示》,《天津商务职业学院学报》2018 年第 3 期。

[81] 欧阳卿:《我国自贸试验区金融风险管理研究》,《金融与经济》2017 年第 6 期。

[82] 潘栋辉:《海洋经济背景下宁波航运服务业转型发展研究》,浙江工业大学,2014 年。

[83] 裴长洪、刘洪愧:《中国怎样迈向贸易强国:一个新的分析思路》,《经济研究》2017 年第 5 期。

[84] 逄健、朱欣民:《国外数字经济发展趋势与数字经济国家发展战略》,《科技进步与对策》2013 年第 8 期,第 124—128 页。

[85] 裴长洪、倪江飞和李越:《数字经济的政治经济学分析》,《财贸经济》2018 年第 9 期。

[86] 彭德雷:《服务贸易新边疆:互联网环境下服务贸易市场准入的规制研究》,《华东理工大学学报(社会科学版)》2014 年第 5 期。

[87] 戚聿东、刘翠花和丁述磊:《数字经济发展、就业结构优化与就业质量提升》,《经济学动态》2020 年第 11 期。

[88] 齐俊妍、高明:《服务业开放的边境内措施对服务贸易的影响:基于 OECD-STRI 数据库的经验分析》,《世界经济研究》2019 年第 2 期。

[89] 祁飞:《我国国际服务贸易与宏观经济因素关系研究》,《统计与决策》2020 年第 22 期。

[90] 强力:《内陆型自贸试验区与"一带一路"倡议的深度融合——以陕西自贸试验区为例》,《国际商务研究》2018 年第 5 期。

[91] 曲凤杰:《优化结构与协调发展——发展服务贸易与转变我国外贸增长方式的战略措施》,《国际贸易》2006 年第 1 期。

［92］屈韬、罗曼和屈焰:《中国自由贸易试验区的外资引致效应及其影响路径研究》,《国际经贸探索》2018 年第 9 期。

［93］沈国兵:《上海自由贸易试验区建立对中国经贸发展的影响》,《社会科学家》2013 年第 12 期。

［94］沈毅:《大连自贸试验区改革:关键问题与政策创新》,《地方财政研究》2019 年第 4 期。

［95］盛斌、廖明中:《中国的贸易流量与出口潜力:引力模型的研究》,《世界经济》2004 年第 2 期。

［96］舒燕、林龙新:《我国服务贸易结构的特征和影响因素研究》,《国际贸易问题》2011 年第 4 期。

［97］司晓等:《数字经济:内涵、发展与挑战》,《互联网天地》2017 年第 3 期。

［98］宋洋:《数字经济、技术创新与经济高质量发展:基于省级面板数据》,《贵州社会科学》2020 年第 12 期。

［99］孙玉、黄虹和肖超顺:《上海自贸区挂牌日的本地股市场效应分析》,《金融管理研究》2014 年第 2 期。

［100］陶慧敏:《上海航运产业与金融产业联动发展研究》,上海社会科学院,2011 年。

［101］陶卫东:《基于中国(上海)自由贸易试验区条件的上海港"水水中转"》,《水运管理》2014 年第 5 期。

［102］万红先、汪林红:《我国服务贸易进口技术结构变迁及影响因素研究》,《国际商务研究》2017 年第 2 期。

［103］王海兰、牛晓耕:《我国服务贸易的进出口结构优化研究——基于 VAR 模型的实证分析》,《中央财经大学学报》2011 年第 9 期。

［104］王健、巨程晖:《互联网时代的全球贸易新格局:普惠贸易趋势》,《国际贸易》2016 年第 7 期。

［105］王江、吴莉:《中国自贸试验区贸易投资便利化指标体系构建》,《统计

与决策》2018 年第 22 期。

[106] 王清、林晓宁:《我国服务贸易发展面临的突出问题及对策》,《经济纵横》2012 年第 10 期。

[107] 王秋雯:《国际航运服务贸易自由化下的海运业竞争规制新挑战》,《现代管理科学》2015 年第 2 期。

[108] 王爽:《我国服务贸易出口技术结构演进及提升路径——基于出口复杂度的视角》,《学习与探索》2018 年第 7 期。

[109] 王拓:《服务贸易与服务产业协调发展规律与启示》,《国际贸易》2018 年第 12 期。

[110] 王晓红、朱福林和夏友仁:《"十三五"时期中国数字服务贸易发展及"十四五"展望》,《首都经济贸易大学学报》2020 年第 11 期。

[111] 王燕:《数字经济对全球贸易治理的挑战及制度回应》,《国际经贸探索》2021 年第 1 期。

[112] 王元彬、杨立卓和邵莹雪:《新兴市场国家服务贸易影响因素的实证分析》,《科学决策》2015 年第 5 期。

[113] 魏瑾瑞、张雯馨:《自由贸易试验区的差异化路径选择——以辽宁自由贸易试验区为例》,《地理科学》2019 年第 9 期。

[114] 文晖:《上海港已与全球 500 多个港口建立集装箱货物贸易往来》,《上海商业》2017 年第 5 期。

[115] 武玥:《浅析自贸区驱动对中国经济增长的影响——以广东自贸区为例》,《行政科学论坛》2017 年第 6 期。

[116] 夏杰长、倪红福:《服务贸易作用的重新评估:全球价值链视角》,《财贸经济》2017 年第 11 期,第 115—130 页。

[117] 夏子乔:《上海自贸区对上海市航空产业的影响分析》,《中国商贸》2014 年第 7 期。

[118] 肖利秋:《服务贸易结构优化路径研究》,《商业经济研究》2016 年第

14 期。

[119] 肖宇、夏杰长:《数字贸易的全球规则博弈及中国应对》,《北京工业大学学报(社会科学版)》2021 第 3 期。

[120] 谢宝剑、杨娇和钟韵:《中国(上海)自由贸易试验区金融创新对区内企业的影响机理分析》,《亚太经济》2016 年第 2 期。

[121] 谢珵:《服务贸易观念的构建及其意义》,《国际贸易》2020 年第 11 期。

[122] 谢谦、刘洪愧:《"一带一路"与自贸试验区融合发展的理论辨析和实践探索》,《学习与探索》2019 年第 1 期。

[123] 辛大楞、张宗斌和车维汉:《我国服务贸易出口的影响因素分析——来自微观企业层面的证据》,《国际贸易问题》2016 年第 1 期。

[124] 熊励、孙友霞和刘文:《知识密集型服务业协同创新系统模型及运行机制研究》,《科技进步与对策》2011 年第 9 期。

[125] 熊励、蔡雪莲:《数字经济对区域创新能力提升的影响效应——基于长三角城市群的实证研究》,《华东经济管理》2020 年第 12 期。

[126] 许恒、张一林和曹雨佳:《数字经济、技术溢出与动态竞合政策》,《管理世界》2020 年第 11 期。

[127] 许培源、罗琴秀:《自贸试验区功能差异化与"一带一路"建设》,《华侨大学学报(哲学社会科学版)》2018 年第 6 期。

[128] 许瑞生:《深化商事制度改革加强事中事后监管》,《行政管理改革》2015 年第 6 期。

[129] 许唯聪、李俊久:《中国服务贸易的发展现状、问题及对策》,《区域经济评论》2020 年第 9 期。

[130] 杨新铭:《数字经济:传统经济深度转型的经济学逻辑》,《深圳大学学报(人文社会科学版)》2017 年第 4 期。

[131] 杨燕:《上海自贸区建设对南通港航运业的影响》,《商业经济研究》2016 年第 2 期。

[132] 姚战琪:《服务业真实开放度的提升对我国服务业竞争力的影响》，《北京工商大学学报(社会科学版)》2015 年第 6 期。

[133] 姚震宇:《区域市场化水平与数字经济竞争——基于数字经济指数省际空间分布特征的分析》，《江汉论坛》2020 年第 12 期。

[134] 叶修群:《自由贸易试验区与经济增长——基于准自然实验的实证研究》，《经济评论》2018 年第 4 期。

[135] 易行健、成思:《中国服务贸易影响因素的实证检验:1984—2008》，《国际经贸探索》2010 年第 11 期。

[136] 殷凤、陈宪:《国际服务贸易影响因素与我国服务贸易国际竞争力研究》，《国际贸易问题》2009 年第 2 期。

[137] 尹晨、周薪吉和王祎馨:《"一带一路"海外投资风险及其管理——兼论在上海自贸区设立国家级风险管理中心》，《复旦学报(社会科学版)》2018 年第 2 期。

[138] 余振:《全球数字贸易政策:国别特征、立场分野与发展趋势》，《国外社会科学》2020 年第 7 期。

[139] 岳云嵩、李柔:《数字服务贸易国际竞争力比较及对我国启示》，《中国流通经济》2020 年第 4 期。

[140] 詹小琦、林珊:《中国服务贸易高质量发展研究》，《亚太经济》2020 年第 4 期。

[141] 张晨阳:《自贸区建设对上海地区产业结构升级的影响效应研究》，郑州大学，2019 年。

[142] 张春宇:《自贸试验区服务贸易创新发展的税收政策及完善建议》，《国际税收》2019 年第 2 期。

[143] 张劲青:《探索山东省服务贸易结构优化之路径》，《国际经济合作》2020 年第 3 期。

[144] 张军等:《自贸区设立能够有效促进经济增长吗——基于双重差分方

法的动态视角研究》，《经济问题探索》2018 年第 11 期。

[145] 张军旗：《我国自由贸易试验区中产业补贴政策的调整》，《上海财经大学学报》2019 年第 1 期。

[146] 张俊英、郭凯歌和唐红涛：《电子商务发展、空间溢出与经济增长——基于中国地级市的经验证据》，《财经科学》2019 年第 3 期。

[147] 张珉、钟双喜：《我国自由贸易区的构建与发展展望——以上海地区为例》，《人民论坛》2014 年第 35 期。

[148] 张明、郭子睿：《上海自贸区：进展、内涵与挑战》，《金融与经济》2013 年第 12 期。

[149] 张诗荟：《自由贸易区航运服务贸易功能研究》，浙江大学，2015 年。

[150] 张彧：《服务贸易对外开放背景下数字化因素对出口的影响》，《广义虚拟经济研究》2020 年第 4 期。

[151] 张禧竹：《上海自贸区的建立对当地经济的影响分析》，《中国管理信息化》2017 年第 24 期。

[152] 张小溪：《中国生产性服务贸易的现状、影响因素及发展研究——基于出口技术复杂度的分析》，《北京工业大学学报（社会科学版）》2021 年第 2 期。

[153] 张勋等：《数字经济、普惠金融与包容性增长》，《经济研究》2019 年第 8 期，第 71—86 页。

[154] 赵涛、张智和梁上坤：《数字经济、创业活跃度与高质量发展——来自中国城市的经验证据》，《管理世界》2020 年第 10 期。

[155] 赵晓雷：《建设自由贸易港区将进一步提升上海自贸试验区全方位开放水平》，《经济学家》2017 年第 12 期。

[156] 赵晓雷：《上海自贸试验区建设开放度最高的自由贸易园区难点评估及战略思路》，《科学发展》2017 年第 3 期。

[157] 郑玉香、孟祥云：《上海自贸区对区内物流服务企业发展的影响研究》，《物流科技》2014 年第 7 期。

[158] 周杰:《中国自由贸易试验区服务贸易开放风险问题》,《对外经贸实务》2019 年第 4 期。

[159] 周楠、于志勇:《天津自贸试验区管理体制:现状、问题与优化路径》,《经济体制改革》2019 年第 2 期,第 39—45 页。

[160] 朱福林:《中国服务贸易发展 70 年历程、贡献与经验》,《首都经济贸易大学学报》2020 年第 1 期,第 48—59 页。

[161] 朱海霞:《扩展边境效应模型的鲁棒性检验研究——基于中美港口航运贸易数据》,《国际经贸探索》2012 年第 1 期。

[162] 朱海霞:《中美航运贸易边境效应的实证研究》,《财贸研究》2011 年第 5 期。

[163] 朱贤强、何朋和胡豫陇:《跨境电商对我国服务贸易竞争力的影响及应对》,《经济纵横》2020 年第 6 期。

[164] 庄惠明、包婷:《基于服务贸易开放度的中国服务贸易竞争力研究》,《华东经济管理》2014 年第 1 期。

[165] 左玮:《重庆服务外包的竞争力分析》,《商业文化》2010 年第 4 期,第 219—220 页。

[166] Deardorff. 2011,"Comparative Advantage and International Trade and Investment in Services", *Hardback*, 07,(1):352—383.

[167] Ayci, Y., J. M. Siroen, 2016, Trade "Performance of Export Processing Zones", *The World Economy*.

[168] Sampson,B.,G. P.,R. H. Snape, 1985,"Identifying the Issues in Trade in Services", World Economy. 8(2):171—182.

[169] Hoekman,G. K.,1992 "Economic Development and International Transaction in Services", *Development Policy Review*,10:211—236.

[170] Bai, Ng, 2002,"Determining the Number of Factors in Approximate Factor Models", *Econometrica*,70:161—221.

[171] Bhagwati, J., 1984, "Why are Services Cheaper in the Poor Countries? ", *Economic Journal*, 94(374):279—286.

[172] Bolle, W., 2012, "U. S Foreign Trade Zones: Background and Issues for Congress", CRS Report for Congress.

[173] Bukht, R., R. Heeks, 2017, "Defining, Conceptualizing and Measuring the Digital Economy", University of Manchester.

[174] Burgess, D. F., 1999, "Services as Intermediate Goods: The Issue of Trade Liberalization", *The Political Economy of International Trade*, 24(4):79—90.

[175] Choi, C., M. H. Yi, 2009, "The Effect of the Internet on Economic Growth: Evidence from Cross-Country Panel Data ", *Economics Letters*, 105(1):39—41.

[176] Falvey, R. E., Gemmell N. "Explaining Service-Price Differences in International Comparisons ", American Economic Review. 1991, 81(5):1295—1309.

[177] Feketekuty, G., 1988, *International Trade in Services: An Overview and Blueprint for Negotiations*, Ballinger Pub Co.

[178] Gonzalez, J. L., J. Ferencz, M. Wang, 2017, "Digital Trade and Market Openness", OECD Trade Policy Papers.

[179] Grossman, G. M., E. Helpman, 1990, "Comparative Advantage and Long-run Growth", *American Economic Review*, 80(4):796—815.

[180] Hindley, B., A. Smith, 1984, "Comparative Advantage and Trade in Services", *World Economy*, 7(4):369—389.

[181] Hsiao, et al., "A Panel Data Approach For Program Evaluation: Measuring The Benefits of Political and Economic Integration of Hong Kong With Mainland China", *Journal of Applied Econometrics*. 2014(27):705—740.

[182] Chen, J., Z. Wan, F. Zhang, N. Park, A. Zheng, J. Zhao, 2018, "Evaluation and Comparison of the Development Performances of Typical Free Trade Port Zones in China", *Transportation Research Part A*, 118.

[183] Whalley, J., 2004, "Assessing the Benefits to Developing Countries of Liberalization in Services Trade", *World Economy*. 10(11):146—161.

[184] Jones, R. W., F. Ruane, 1990, "Appraising the Options for International Trade in Services", *Oxford Economic Papers*, (42):672—687.

[185] Jones, P. R., 1988, "Defense Alliances and International Trade", *Journal of Conflict Resolution*. 32(1):123—140.

[186] Knickrehm, M., B. Berthon, 2016, *Daugherty. Digital Disruption: The Growth* Multiplier, Accenture Dublin.

[187] Lei, Y., 2018, "China's Free Trade Area Strategy: An Alternative Avenue to China's 'Peaceful' Rise?", *The Social Science Journal*.

[188] Ouyang, M., Y. Peng, 2015, "The Treatment-Effect Estimation: A Case Study of the 2008 Economic Stimulus Package of China", *Journal of Econometrics*, 188(2).

[189] Pedro, G. A., M. Janaina, 2017, "Eco-Innovations in Developing Countries: The Case of Manaus Free Trade Zone(Brazil)", *Journal of Cleaner Production*, 168.

[190] Ramsey, E., P. Ibbotson, 2003, "E-opportunities of Service Sector SMEs: An Irish Cross-Border Study", *Journal of Small Business and Enterprise Development*, 10(3):250—264.

[191] Teo, T. S. H., 2001, "Understanding the Digital Economy: Data, Tools, and Research", *Asia Pacific Journal of Management*, 18(4):553—555.

[192] Warr, J., 1994, "The Economics of Export Processing Zones Revis-

ited", *Development Policy Review*, 12(4), 387—402.

[193] Weber, R. H., 2010, "Digital Trade in WTO-Law-Taking Stock and Looking Ahead", Asian J. WTO & Int'l Health L & Pol'y, 5:1.

[194] Yoder, L., 2007, "International Free Zones: Offer Companies Oasis to do Business: Tax Incentives, Business Assistance Highlight Advantages of Free Zones", Expansion Management, (1).

图书在版编目(CIP)数据

上海自贸试验区服务贸易创新发展/何骏著.—上
海:格致出版社:上海人民出版社,2022.12
(自贸区研究系列)
ISBN 978 - 7 - 5432 - 3420 - 8

Ⅰ.①上⋯ Ⅱ.①何⋯ Ⅲ.①自由贸易区-服务贸易
-贸易发展-研究-上海 Ⅳ.①F752.851

中国版本图书馆 CIP 数据核字(2022)第 241952 号

责任编辑 王浩淼
封面设计 路 静

自贸区研究系列
上海自贸试验区服务贸易创新发展
何 骏 著

出 版 格致出版社
上海人民出版社
(201101 上海市闵行区号景路 159 弄 C 座)
发 行 上海人民出版社发行中心
印 刷 上海颛辉印刷厂有限公司
开 本 720×1000 1/16
印 张 11
插 页 2
字 数 170,000
版 次 2022 年 12 月第 1 版
印 次 2022 年 12 月第 1 次印刷
ISBN 978 - 7 - 5432 - 3420 - 8/F · 1484
定 价 52.00 元